Ländliche Bauten
aus dem fränkischen Württemberg

Ein Wegweiser zu den Gebäuden des
Hohenloher Freilandmuseums
in Schwäbisch Hall–Wackershofen

D1671167

Führer durch das Hohenloher Freilandmuseum, Band 3,
Oktober 1991

herausgegeben von Albrecht Bedal
im Auftrag des Vereins Hohenloher Freilandmuseum e.V.

Ländliche Bauten
aus dem fränkischen Württemberg

Ein Wegweiser zu den Gebäuden des
Hohenloher Freilandmuseums

HOHENLOHER
FREILAND
MUSEUM

© Verein Hohenloher Freilandmuseum e.V., Schwäbisch Hall

Text und Gestaltung: Albrecht Bedal

Umschlaggestaltung: Rosemarie Bosch-Burkhardt
Umschlagfoto: Bernd Kunz

Abbildungsnachweis:
Farbaufnahmen: S. 12, 82, 84, 122, 152, 160, 170, 196, 198 u. 200 Albrecht Bedal, alle übrigen Bernd Kunz
Schwarz-Weiß-
Aufnahmen: Bildarchiv Hohenloher Freilandmuseum
Zeichnungen: S. 39, 55, 130, 147 Gerhard Leibl, S. 44, 45, 47, 49 Städtisches Hochbauamt Schwäbisch Hall, S. 52, 53, 65, 67, 68, 111, 112, 113 Günter Mann, S. 135, 137 Landesdenkmalamt Baden-Württemberg, S. 156, 157 Rolf Neddermann, S. 199 Gerd Schäfer,
alle übrigen Albrecht Bedal

Gesamtherstellung: Schneider Druck GmbH, Erlbacher Straße 102, 8803 Rothenburg o.d.T., Tel. (09861) 400-0

ISBN 3-927374-05-9

Zum neuen „Museumsführer"

Fünf Jahre nach der letzten Ausgabe erscheint ein völlig neu gestalteter und inhaltlich überarbeiteter „Wegweiser zu den Gebäuden des Hohenloher Freilandmuseums". Wohlweislich wird im Titel das Wort „Museumsführer" vermieden, denn durch die wachsende Zahl der Gebäude, durch neue Einrichtungen, durch die Arbeit an den Außenanlagen und die Beschäftigung mit den früheren Bewohnern wäre es jetzt nur mehr möglich, alle den Besucher interessierende Einzelheiten und Informationen, die im Museum im Laufe der Zeit gesammelt wurden, in einem unhandlichen Band weiterzureichen. Da es aber auch nicht opportun ist, dieses Handbuch zu dick und umfangreich werden zu lassen, hat sich das Museum entschlossen, zu einzelnen Schwerpunkten der Museumsarbeit fachbezogene Beschreibungen herauszugeben. Den Anfang dieser neuen Reihe „Wegweiser zu den Einrichtungen des Hohenloher Freilandmuseum" machen mit diesem Band die Gebäude, die Hauptexponate des Museums. Sie werden hier mit dem Schwerpunkt der Bau- und Besitzergeschichte ausführlich vorgestellt. Bewußt wurde dabei auf die exakte Beschreibung der Ausstattung von Möbel oder Gerät verzichtet, diese und andere Themen sind in weiteren Bänden der „Wegweiser" vorgesehen. So sollen in naher Zukunft über die Möbel und Einrichtungsgegenstände in den Häusern, über die Geräte in den Werkstätten und Scheunen sowie über die Pflanzen- und Tierwelt im Museum eigene Hefte erscheinen.
Bei vorliegendem Band wurde angestrebt, daß jedes Gebäude im Museum gleichrangig behandelt wird und nach Möglichkeit mit maßstäblichen Plänen und Fotos vom alten Zustand vertreten ist. Daß dies nicht immer gerecht möglich war, liegt am unterschiedlichen Archivmaterial. Alle Pläne sind zum Vergleich der Bauten untereinander im gleichen Maßstab von etwa 1:200 abgebildet. Die unterschiedliche Qualität ergibt sich durch verschieden große Vorlagen, nicht immer konnte dabei auf eine Originalzeichnung im Maßstab 1:50 zurückgegriffen werden.
Alle Farbaufnahmen am Anfang jeder Gebäudebeschreibung sind aktuelle Aufnahmen nach dem Wiederaufbau im Museum, auf eine Bildunterschrift konnte daher gut verzichtet werden.
Allen Lesern dieses „Wegweisers" wünscht die Museumsleitung einen anregenden Rundgang durch das Hohenloher Freilandmuseum, sei es zu Hause im Sessel oder wirklich vor Ort in Wackershofen.

Inhalt

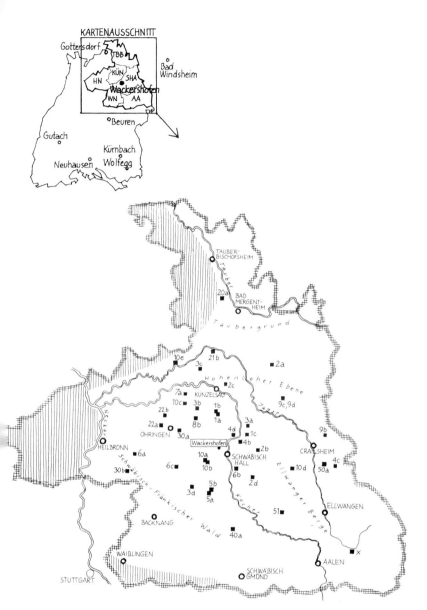

Das Einzugsgebiet des Hohenloher Freilandmuseums mit den bisher ins Museum versetzten Gebäuden, die Schraffur deutet die Überlappungsgebiete mit anderen Freilichtmuseen an.
(x = Bienenhäuser aus Lauchheim)

7

Das Hohenloher Freilandmuseum
Entstehung und Konzept

Freilandmuseem oder Freilichtmuseen sind von ihrer Idee her, Gebäude unter freiem Himmel mit ihrer jeweils typischen Ausstattung zu zeigen, eine recht junge Museumsgattung. Gerade 100 Jahre ist es her, daß in Skansen bei Stockholm das erste derartige Museum eröffnet werden konnte. In Deutschland begann sich dieser Gedanke zuerst im Norden auszubreiten, in den sechziger Jahren wurden dann in Süddeutschland die ersten Museen dieser Art gegründet. Fast überall war die Keimzelle für die Entstehung eines Freilichtmuseums mit seinen vielen versetzten Häusern ein an Ort und Stelle von interessierten Bürgern erhaltener Hof oder ein einzelnes Haus. So hatte auch das Hohenloher Freilandmuseum mit dem heutigen Museumsdorf Wackershofen seinen Vorläufer im Bauernmuseum Schönenberg oberhalb von Untermünkheim. Hier hatte ein ehrenamtlicher Freundeskreis unter Führung des damaligen Haller Bürgermeisters Erich Specht ein Wohn-Stall-Haus von 1838 mit häuslichen Einrichtungsgegenständen und landwirtschaftlichem Gerät ausgestattet. Angestoßen wurde diese Initiative vom langjährigen Leiter des Hohenlohe Zentralarchivs, Karl Schumm, dem auch einige wichtige Stücke der Sammlung in Schönenberg zu verdanken sind. 1972 eröffnet, erfreute sich das kleine und liebevoll eingerichtete Bauernmuseum großen Zuspruch.

Als in Baden-Württemberg Ende der Siebziger Jahre die Diskussion um die Einrichtung eines zentralen Freilandmuseums oder um den Aufbau mehrerer regionaler Lösungen geführt wurde, um die im Untergehen begriffene ländliche Alltagskultur wenigstens

Das 1838 erbaute Wohn-Stall-Haus Feuchter in Untermünkheim-Schönenberg (hist. Aufnahme um 1920)

noch im Museum der Nachwelt erhalten zu können, brachte sich die Schönenberger Gruppe um Erich Specht ins Gespräch und schlug den Haller Bereich als Standort für ein neu zu gründendes Freilandmuseum, das die Region Nordostwürttemberg vertreten sollte, vor. Schnell erwies sich dann, daß das Bauernmuseum Schönenberg für diese neuen Dimensionen keine geeignete Entwicklungsmöglichkeiten bot. Die Stadt Schwäbisch Hall konnte dagegen am Rand von Wackershofen, einem eingemeindeten Dorf unterhalb der Waldenburger Berge, ein landschaftlich schön gelegenes und entwicklungsfähiges Gelände anbieten.

Als dann vom Land beschlossen wurde, die schon vorhandenen regionalen Museumsansätze zu fördern, wurde 1979 der Verein „Hohenloher Freilandmuseum" als Träger des neuen Freilandmuseums gegründet, Wackershofen wurde als neuer Standort angenommen. Der Umzug des Schönenberger Museums mit seinen Sammlungen nach Wackershofen bot neue, bisher nicht vorstellbare Perspektiven und machte es auch den Verantwortlichen leichter, das Bauernhaus Feuchter kurz vor Eröffnung des Hohenloher Freilandmuseums Ende 1982 zu schließen und zu verkaufen. Die Tradition Schönenbergs mit dem starken ehrenamtlichen Engagement lebt nun im Museumsdorf Wackershofen weiter.

Nach der Gründung des Trägervereins wurde sofort mit der Arbeit für das neue Museum begonnen, ein Museumsleiter (Dr. Heinrich Mehl) bestellt und beim städtischen Hochbauamt ein speziell für die Museumsbauarbeiten zuständiger Museumsbautrupp aus verschiedenen Handwerksberufen installiert. Noch 1979 konnte das erste Gebäude, das Steigengasthaus „Rose" an der Steige oberhalb von Michelfeld, abgebaut werden.

Für dieses neue Hohenloher Freilandmuseum wurde gleich zu Beginn ein Museumskonzept entwickelt, das die vom Land Baden-Württemberg zugeteilte Region mit seiner kulturgeschichtlichen Entwicklung, die Kriterien zur Einrichtung eines Freilandmuseums und natürlich das vorhandene Gelände und die Situation um Wackershofen zu berücksichtigen hatte.

Das Hohenloher Freilandmuseum gehört zu der Kategorie der kulturhistorischen Museen. Es will anhand originalgetreu versetzter Gebäude aus dem ländlichen Bereich dokumentieren, wie die Leute früher darin gelebt, gearbeitet und gefeiert haben. Hauptsächlicher Gegenstand, mit denen sich Freilandmuseen beschäftigen, sind daher die alten Häuser, die Scheunen, Wirtschaftsbauten, Werkstätten oder sonstige historische Gebäude, die einmal früher das Dorfbild mitbestimmt haben, so z. B. Schule, genossenschaftliche Einrichtungen, jüngere Bauten von Bahn und Energieversorgung. Es ist also ein ziemlich umfassendes Bild der älteren und jüngeren Vergangenheit, das das Hohenloher Freilandmuseum seinen Besuchern zeigen und vermitteln möchte. Die Art und Weise der Präsentation, nicht einzelne Sammlungsstücke isoliert nebeneinander, sondern in historisch belegten Zusammenhängen aufzustellen – „ein jedes Ding an seinen Platz" – ist charakteristisch für die Freilandmuseen und gleichzeitig die Grundlage ihrer Konzeption. Dabei muß natürlich klar sein, daß

Die Museumsgänse am Dorfteich vor der Schmiede aus Großenhub

die künstliche Museumswelt in Wackershofen nicht vollständig der historischen Realität auf einem früheren Bauernhof entsprechen kann. Viele Dinge der früheren Existenz sind nicht mehr nachvollziehbar und auch nicht vermittelbar. Der Geruch und die Feuchte im Stall, der Rauch in der Küche, die lebendige Unordnung und der Gebrauch von Lebensmitteln gehörten zum Alltag, sind aber in den Häusern des Freilandmuseums schon allein aus konservatorischen Gründen nicht vorstellbar. Nur in Ausnahmefällen und dann nur in bescheidenem Umfang kann z.B. durch Haltung von Haustieren ein angenähertes Umfeld der früheren Atmosphäre erzeugt werden, auch wenn es nicht gerade zum Erhalt der Häuser beiträgt.

Um dieses Defizit trotz der großen Anschaulichkeit auszugleichen und um die vielen Gegenstände den Besuchern näher zu bringen, kann auch das Freilandmuseum nicht auf Texte in den Häusern und Informationen zu einzelnen Themen verzichten. So sind in einigen Gebäuden Tafelausstellungen aufgebaut, die Zusammenhänge und Hintergründe erläutern wollen wie die Dokumentation im Lagerhaus aus Kupferzell zum Genossenschaftswesen, im Winzerhaus Sachsenflur zu den historischen Bautechniken oder im Handwerkerhaus aus Oberrot über das dörfliche Handwerk. Durch wechselnde Sonderausstellungen werden einzelne Themen ergänzt und vertieft, dazu erscheinende Begleitbücher und Kataloge halten deren Ergebnisse auch für die zukünftigen Besucher fest.

Die Besonderheit des Hohenloher Freilandmuseums liegt in seiner Lage in unmittelbarem Kontakt zum Dorf Wackershofen. Im Weidnerhof, dem einzigen „in situ" erhaltenen Museumskomplex, verzahnen sich Dorf und Museum. Erschließung und Zugang sind jedoch völlig getrennt. Für den Aufbau des Museums steht westlich des Dorfes ein etwa dreißig Hektar großes hügeliges Gelände zwischen der Bahnlinie im Norden und dem Wald im Süden zur Verfügung, das durch die landwirtschaftliche Nutzung, dem historischen Wegenetz und durch den alten Baum- und Gehölzbestand geprägt ist. Diese von Generationen geformte Kulturlandschaft soll erhalten bleiben, die Baugruppen und Einzelgebäude, die in das Gelände versetzt werden, haben Rücksicht auf diese gewachsene Struktur zu nehmen.

Die historischen Gebäude nehmen nur einen kleinen Teil des Museumsgeländes in Beschlag, die Äcker und Wiesen bleiben in Bewirtschaftung. Sie werden zum großen Teil von einheimischen Landwirten genutzt, zum Teil sind Flächen an die Landwirtschaftsschule Schwäbisch Hall vergeben, zum geringeren Teil werden gewisse Bereiche mit historischen Pflanzen vom Museum selber bebaut. So erlebt der Besucher beim Rundgang einen Vergleich zwischen den heutigen und den früheren Anbaumethoden mit ihren unterschiedlichen Ergebnissen. Das historische Pflanzenkleid zieht sich herein in unsere Baugruppe und Höfe. „Unkraut" und Wildpflanzen, historische Hausgärten und Streuobst-

Die heutige Flurkarte zeigt die enge Verknüpfung des Dorfes Wackershofen mit dem Freilandmuseum.

11

Blick über reife Getreidefelder auf die Baugruppe „Hohenloher Dorf", im Hintergrund Bahnhof und Lagerhaus

wiesen dokumentieren eine untergegangene Flora und bilden allein schon einen bedeutenden Teil der Museumsarbeit. Dies wird unterstrichen durch die Beschriftung unseres „Lebenden Inventars", Stelen im Gelände und in den Höfen weisen auf wichtige Tiere und Pflanzen im historischen Kontext hin.

Die von der Museumsaufgabe her wichtigsten Ausstellungsstücke – die Häuser und Scheunen, Backöfen und Ställe – stehen nicht beziehungslos nebeneinander, sondern sind nach einem bestimmten Konzept zueinander geordnet und nach ihrer ursprünglichen Lage und den Gegebenheiten im Museumsgelände angelegt. Gerade für die Gebäude, die teuersten Investitionen des Museums, ist ein Auswahl- und Wiederaufbauplan unabdingbar, da sie, obwohl schon einmal ins Museums gewandert, hier bei uns in Wackershofen nicht mehr einfach verschoben werden können.

Direkt am Eingang und in Verlängerung Wackershofens entsteht die Baugruppe **„Hohenloher Dorf",** das bisherige Kernstück des Museums. Hier sollen die Haus- und Hoftypen des Haller Umlandes und des Hohenloher Landes (hauptsächlich Landkreis Schwäbisch Hall und Hohenlohekreis) konzentriert werden. Diese Baugruppe ist siedlungsmäßig wie ein kompaktes Haufendorf angelegt, in der Mitte stehen die größeren Bauernhöfe, am Ortsrand finden sich Seldner- und Taglöhnerhäuser.

In vielen Dörfern der Umgebung hat der Bahnbau große Auswirkungen auf die Siedlungtätigkeit um die Jahrhundertwende ausgeübt. Im Hohenloher Freilandmuseum wird diese Veränderung durch die vor dem Eingang direkt an den Bahngleisen liegenden **„Technikbaugruppe"** dargestellt. Hier stehen historischer Bahnhof, Lagerhaus und Transformatorenturm. Eine Erweiterung mit weiteren Gebäuden, wie z. B. einer Molkerei, ist denkbar.

Nach dem Steigengasthof, der noch der Baugruppe „Hohenloher Dorf" zugerechnet werden kann, erreicht der Besucher die im Werden befindliche Baugruppe **„Weinlandschaft".** Hier ist ein Straßendorf im Entstehen, das im engen Siedlungsverband Bauten aus den Weinbaugebieten um Öhringen, Heilbronn, aus dem Kocher- und Taubertal sowie aus dem Berglen bei Backnang aufnehmen soll. Etwas außerhalb der Gruppe steht, wie am ursprünglichen Standort auch, eine Kelter allein in der Flur. Im räumlichen Zusammenhang mit der Kelter wurde ein Weinberg nach historischen Vorbildern angelegt.

Im oberen Teil des Geländes, unmittelbar unterhalb des Waldrandes, ist die dritte dörfliche Anlage, die Baugruppe **„Waldberge",** geplant. Hier sollen einmal in einem kleinen, dort typischen, lokker angelegten Weiler Gebäude aus den höheren Lagen im Einzugsbereich, also aus dem Schwäbisch-Fränkischen Wald, den Ellwanger Bergen oder der Crailsheimer Hardt ihren Standort finden. Am Beginn dieser zukünftigen Baugruppe steht schon eine kleine Dorfkapelle, die eine spätere Wegkreuzung markiert.

Am kleinen Bachlauf oberhalb des Steigengasthofes sind wassergetriebene Mühlen geplant. Eine kleine betriebsfähige Sägemühle ist schon aufgebaut, eine große Malmühle ist in Höhe des Weinbergs vorgesehen.

Bis Mitte 1991 sind über 40 historisch wertvolle Gebäude ins Museum gewandert. Eines Tages sollen es über 80 sein, die die im Untergang begriffene ländliche Kultur in unserer Region der Nachwelt in ihrer großen Bandbreite präsentieren sollen.

Ein zukünftiges Museumsprojekt ist die Versetzung der aus dem 17. Jahrhundert stammenden Mal- und Sägemühle von Weipertshofen, Gemeinde Stimpfach

13

1a Bahnhofsgebäude aus Kupferzell, Hohenlohekreis

Nicht nur die Bauernhäuser und Scheunen vorangegangener Zeiten sind vom Abbruch und Untergang bedroht, sondern auch die für viele Dörfer früher charakteristischen technischen Anlagen des späten 19. Jahrhunderts wie Lagerhaus, Werkstätten oder Bahnhöfe. Gerade auf dem flachen Land, das vor hundert Jahren stolz auf seinen hart erkämpften Bahnanschluß war, sind heute die Bauten und Anlagen der Eisenbahn größteils dem Untergang durch Streckenstillegung oder Aufhebung von Haltestellen geweiht. So war es nur folgerichtig, daß das Hohenloher Freilandmuseum sich um die Übernahme des Bahnhofsgebäudes aus Kupferzell bemühte, das Abbruchpläne bekannt wurden.

Kleine Geschichte des Bahnhofs Kupferzell

Kupferzell liegt an der eingleisigen Nebenstrecke Waldenburg-Künzelsau, die 1892 eröffnet und 1924 im Kochertal bis Forchtenberg verlängert wurde. Mit Eröffnung der Stichbahn war auch das Bahnhofsgebäude Kupferzell fertiggestellt, die wichtigste Station zwischen Waldenburg, wo die Nebenbahn von der Hauptbahn Heilbronn-Hall abzweigt und dem damaligen Endpunkt Künzelsau.

Das Bahnhofsgebäude, durchgehend in Fachwerkbauweise errichtet, besteht aus drei Baukörpern: in der Mitte der zweigeschossige Hauptbau mit dem Fahrdienstraum im Erdgeschoß und der Wohnung für den Stationsvorsteher im Orbergeschoß,

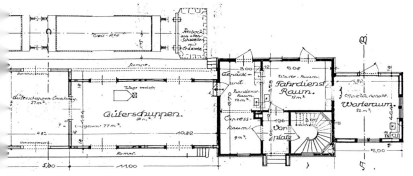

Grundriß des Erdgeschosses in einem Bauplan von 1925

dem seitlich angefügten Warteraum und dem Güterschuppen mit Rampe. Aussehen und Anlage des Stationsgebäudes entsprechen den damaligen Gepflogenheiten der württembergischen Staatsbahn, überall im Ländle entstanden in dieser Zeit baulich gleichartige Gebäude an Nebenbahnen.

Mit dem zu erwartenden vermehrten Güteraufkommen durch die Bahnverlängerung 1924 nach Forchtenberg kam es zu einer Erweiterung des Bahnhofsgebäudes. Der Güterschuppen wurde, nachdem er schon einmal einen Anbau erhalten hatte, um weitere 5 m verlängert. Beim Wiederaufbau verzichtete man auf diese jüngere Zutat.

Gebäudedaten:

Länge × Breite: 24,50 m × 7,00 m
Abbau: 1990 in vier großen Raumteilen
Bauaufnahme verformungsgerecht im Maßstab 1:25: Göbel und Reinecke, Neumarkt-St.-Veit
Wiederaufbau: seit 1990, Fertigstellung voraussichtlich 1992/93

Historische Aufnahme vor der ersten Verlängerung des Lagerschuppens, vermutlich um 1910

1b Genossenschaftliches Getreidelagerhaus aus Kupferzell, Hohenlohekreis

Im Laufe des 19. Jahrhunderts wurde der Landwirt immer mehr zum Vermarkten seiner Produkte gezwungen. Nicht mehr die Erzeugung für den Eigenbedarf wie früher stand jetzt im Vordergrund der bäuerlichen Arbeit, sondern neue Getreidesorten, Düngung und vermehrte Viehhaltung ermöglichten eine steigende Produktion von Nahrungsmitteln, die an den Mann gebracht werden mußten. Vieh- und Getreidehändler zogen durch die Dörfer, kauften den Bauern deren überschüssige Erzeugnisse ab und übervorteilten dabei leicht die in kaufmännischen Dingen unerfahrenen Landleute. Gegen Ende des 19. Jahrhunderts gelangten Getreideimporte aus Nordamerika und Rußland zu günstigen Konditionen in Deutschland auf den Markt, die zu einem nicht unerheblichen Preisverfall der einheimischen Erzeugnisse führten. Dies ging natürlich auch an der hiesigen Region nicht spurlos vorüber, galt doch damals die Hohenloher Ebene als Kornkammer Württembergs.

Als einer der wenigen, der sich in dieser für die Bauern schlechten Zeit für deren Belange einsetzte, ist der seit 1887 als Bürgermeister von Kupferzell tätige Wilhelm Dutt (1857–1930) bekannt geworden. Als ausgebildeter Verwaltungsfachmann war er es gewohnt, sich neuen Aufgaben zu stellen und nicht auf Besserungen von außen zu warten. Angeregt durch die genossenschaftliche Bewegung des Darlehenskassen-Gründers Friedrich Wilhelm

Raiffeisen, entschloß er sich, „das Wagnis auf mich zu nehmen und mich an die Spitze einer Bewegung für die Gründung und Weiterführung einer Getreideverkaufs-Genossenschaft für den Oberen Bezirk mit dem Sitz in dem zentral und an der Bahn gelegenen Kupferzell zu stellen" (zitiert aus seinen „Studien").

Die Entstehung des Getreidelagerhauses

Ende 1896 berief Wilhelm Dutt achtzig Landwirte aus der Umgebung Kupferzells zur Gründungsversammlung einer Genossenschaft nach Kupferzell ein. Aufgabe der Genossenschaft sollte es sein, den Mitgliedern den Verkauf ihrer Ernte zu festen Preisen zu gewährleisten. Das gesammelte Getreide sollte direkt an Abnehmer größerer Partien wie Großmühlen oder Brauereien abgesetzt und bedingt durch die größere Menge dabei ein günstiger Preis für die Mitglieder erzielt werden. Um diesen Großhandel direkt beliefern zu können, mußte das Getreide gereinigt und nach Qualitätsstufen vorsortiert werden, eine Arbeit, die der einzelne Bauer zur Verbesserung des Verkaufspreises kaum selber durchführen konnte.

Im Februar 1897 gelang es schließlich Wilhelm Dutt, daß das Statut der Getreideverkaufs-Genossenschaft von 172 Mitgliedern

Historische Aufnahme von der Bahnüberführung aus, kurz nach dem Anbau des Schuppens um 1910

unterzeichnet und der Baubeginn des Lagerhauses, bestärkt durch einen zugesagten erheblichen Staatszuschuß, beschlossen wurde. Der Bau selber sollte bis zum Einbringen der Ernte fertiggestellt sein. Doch dazu sollte es nicht kommen. Ein Unwetter mit starkem Hagelschlag hatte die Felder am Spätabend des 30. Juni 1897 fast vollständig vernichtet.

Die Genossenschaft überstand diese Belastungsprobe durch den Ankauf von Saatgetreide, Futtermitteln und Mehl und konnte sogar ihre Mitgliederzahl durch diese Hilfsaktion auf über das Doppelte steigern. Am 26. Oktober berichtet der „Hohenloher Bote", die damalige Lokalzeitung, daß das Lagerhaus nun aufgeschlagen sei. 1898 war es erstmals zur Aufnahme einer vollen Ernte seiner jetzt beinahe 400 Mitglieder bereit.

Der Betrieb im Lagerhaus

Das Lagerhaus ist in einer einfachen Fachwerkkonstruktion errichtet, seine Außenwände tragen auf der Außenseite eine senkrechte Holzschalung, durch waagerechte Jalousien an den Öffnungen ist es gut durchlüftet. Über einem unterkellerten Teil stehen drei Hauptgeschosse, das Dach ist in zwei Ebenen ausgenutzt. Im Erdgeschoß befindet sich der Anlieferungsbereich mit dem Büroraum, dem Absackungs- und Verladeraum und dem bodengleich eingelassenen Einfülltrichter für das anzuliefernde Getreide.

Über diesen Trichter rutscht das vorher gewogene und in bestimmte Qualitätsstufen eingeordnete Erntegut in den Keller, von wo aus es das elektrisch betriebene Becherwerk, die „Elevatoren", bis in die Dachspitze hinauf befördert. Durch die Schwer-

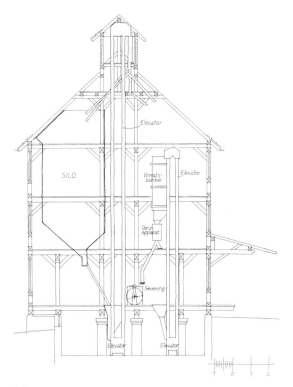

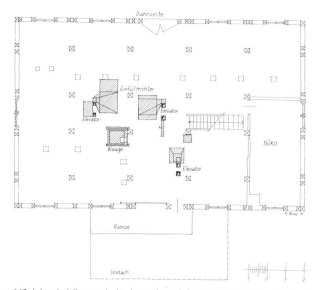

Grundriß (oben), Längsschnitt (unten) und Querschnitt (links unten) des Lagerhauses mit der technischen Einrichtung kurz vor dem Abbau. Zur besseren Verdeutlichung sind die technischen Anlagen deutlich hervorgehoben

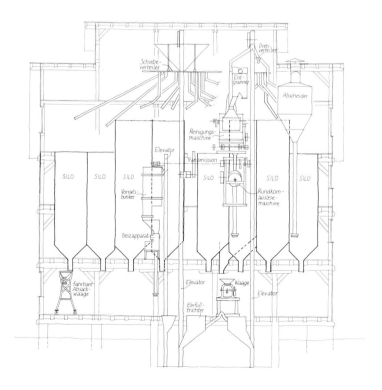

Wilhelm Friedrich Dutt (1857 – 1930), Bürgermeister in Kupferzell, mit seiner Gattin

kraft verteilt es sich über diverse Holzröhren nach unten in die Reinigungsmaschinen oder gleich in die Lager- und Sortiersilos.
Die großen Lagersilos sind über zwei Geschosse in den oberen Stockwerken eingebaut. Insgesamt sind zehn Lagersilos vorhanden und fünf kleinere Sortiersilos. An Reinigungseinrichtungen für das Getreide besaß die Genossenschaft anfänglich eine Windfege, einen Staubabscheider, ein sogenannter „Zyklon", einen „Trieur" (Unkraut-Ausleser) und einen „Aspirateur" (Siebreinigung mit Gebläse), zusätzlich eine Schrotanlage. Sämtliche Maschinen waren elektrisch betrieben, so daß das Lagerhaus von Anfang an nur von einer Person bedient werden mußte – ein wirtschaftliches Anliegen Wilhelm Dutts.
Um die Genossenschaft geschäftlich auf eine breitere Basis stellen zu können, wurde ab 1906 Thomasmehl als Düngemittel an die Mitglieder vertrieben. Dafür erhielt das Lagerhaus auf der Büroseite einen kleinen einstöckigen Lagerschuppen als Anbau. Nach dem in dieser Zeit erfolgten Zusammenschluß mit der Öhringer Genossenschaft zur „Hohenlohischen Getreideverkaufs-Genossenschaft" war man jetzt auch eine Einkaufsorganisation. Dieser Geschäftsbereich wurde 1921 erweitert mit dem Bau einer großen Kunstdüngerlagerhalle als gesondertes Gebäude hinter dem Lagerhaus, die mit einer elektrischen Hochbahn vom Gleisanschluß aus bedient wurde. Diese baulichen Zufügungen wurden beim Wiederaufbau in Wackershofen nicht übernommen.
Uns erstaunen heute die damaligen Geschäftszeiten, das Lagerhaus war jeden Werktag zwölf Stunden von 6 bis 12 Uhr vormittags und nachmittags von 1 bis 7 Uhr geöffnet. Die Bauern mußten ihre Getreideanlieferung vorher anmelden, um Wartezeiten zu vermeiden. Der Lieferant hatte die Pflicht, beim Reinigen und Ver-

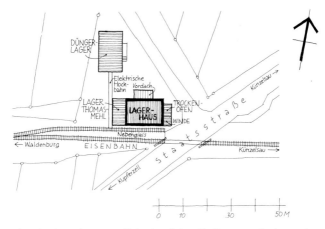

Lageplan des Lagerhauses mit den baulichen Ergänzungen in den ersten Jahrzehnten des 20. Jahrhunderts, um 1925

wiegen seines Getreides anwesend zu sein und gegebenenfalls mit Hand anzulegen.

Im Laufe der Zeit modernisiert sich die technische Einrichtung nur unwesentlich. Eine wesentliche Verbesserung wurde 1924 mit der Anschaffung einer Trocknungsanlage erreicht. Als die alte Genossenschaft 1958 in die „Landwirtschaftliche Kreisgenossenschaft Öhringen" aufgeht und gleichzeitig ein neues Silogebäude entsteht, unterblieben im alten, zu klein gewordenen Lagerhaus weitere notwendige Neuerungen. Endgültig stillgelegt wurde es 1981.

Eine Aufnahme von 1938: Auf der Westseite führt eine elektrische Hochbahn mit Kipploren in die neue Düngerlagerhalle

21

Das Lagerhaus von Norden kurz vor dem Abbau 1985, das Ziegeldach ist weitgehend vermoost

Vom Abbruchkandidaten zum Museumsstück

Das Kupferzeller Lagerhaus von 1898 gilt als das älteste genossenschaftliche Lagerhaus Baden-Württembergs – manche meinen sogar, ganz Deutschlands. Es war Wegbereiter für ähnliche Einrichtungen im Lande, so für das 1900 begonnene Unternehmen in Öhringen.

Als die Gemeinde Kupferzell nach der Stillegung des Betriebs das Lagerhaus wegen einer Straßenverbreiterung abreißen wollte, führte dies zu Überlegungen, wie man diese für die Entwicklung des Genossenschaftswesens einmalige „Dokument" würdig der Nachwelt erhalten könne. Eine Erhaltung vor Ort unter musealen Gesichtspunkten schied aus, so daß die Versetzung des Gebäudes in das Hohenloher Freilandmuseum mit dem entsprechend großen finanziellen Aufwand ins Auge gefaßt wurde.

Die Bedeutung des Kupferzeller Lagerhauses als Denkmal fortschrittlicher Technik und früher gemeinschaftlicher Selbsthilfe veranlaßte den Württembergischen Genossenschaftsverband, sich mit erheblichen Mitteln an der Translozierung zu beteiligen. Somit gelang es den Verantwortlichen, das Lagerhaus samt seiner historisch bedeutsamen und komplizierten Technik vollständig und funktionsfähig in Wackershofen neben den dortigen Bahngleisen wieder aufzubauen. Dank der Hilfe der Maschinenfabrik Eirich aus Hardheim, deren Spezialität seit Generationen Mühleneinrichtungen sind und die auch die erste Einrichtung des Lagerhauses geliefert hatte, gelang der sachgerechte Aus- und funktionsfähige Wiedereinbau der Transport- und Reinigungsmaschinen.

Der Besucher findet heute im Innern eine Texttafelausstellung speziell zur Geschichte des Kupferzeller Lagerhauses und allgemein zur Entwicklung des Genossenschaftswesens in Deutschland – hier sei nur an die großen Persönlichkeiten Friedrich Wilhelm Raiffeisen, dessen Familie aus der hiesigen Gegend stammt, und an Hermann Schulze-Delitzsch erinnert.

Zu festen Zeiten wird das Lagerhaus von fachkundigem Personal in Betrieb genommen, die jeweiligen Vorführzeiten sind im Kassenraum ausgehängt. Auf einer Schautafel mit beweglichen Lichtpunkten kann auch der Besucher, der nicht die Vorführung der Transport- und Reinigungstechnik erleben kann, die Bewegung des Getreides gut nachvollziehen.

Gebäudedaten:

Länge × Breite: 15,85 m × 10,15 m
Abbau: 1986 (Ausbau der Technik 1985), zerlegt in Einzelteile
Bauaufnahme verformungsgerecht im Maßstab 1:25: Göbel und Reinecke, Neumarkt-St. Veit
Wiederaufbau: 1987/88, Eröffnung 6. Mai 1989
Zeitstellung des Gebäudes: um 1900

Literatur:
Wilhelm Dutt, Studien über die landwirtschaftlichen Verhältnisse und den Getreidehandel in Württemberg, Böblingen 1926
Siegfried Mezger, Wilhelm Friedrich Dutt und das genossenschaftliche Lagerhaus Kupferzell, in: Mitteilungen des Hohenloher Freilandmuseums Nr. 5, 1984

Ein Blick ins Erdgeschoß vor dem Abbau. Gut zu erkennen sind die vielen Abfüllstutzen der Silos

1c Transformator-Turm aus Hergershof, Gemeinde Braunsbach, Kreis Schwäbisch Hall

In den knapp zwanzig Jahren von 1895 bis 1913 vermehrte sich in Deutschland die Anzahl von anfänglich 180 Stromgewinnungs- werken auf beinahe 4100 Elektrizitätswerke. Dabei war eine große Vielfalt an technischen Ausstattungen üblich: Die Lichtspannung variierte zwischen 110, 120 und 220 Volt, an Stromarten wurde Gleich-, Wechsel- und Drehstrom nebeneinander erzeugt. Erst kurz vor dem Ersten Weltkrieg eroberte die Elektrizität auch das flache Land, in manchen Gegenden erreichten die Stromleitun- gen die Dörfer erst in den zwanziger Jahren.

In den Anfangsjahren der Elektrifizierung war es vorrangig die Be- leuchtung, wegen der die neue Technik installiert wurde. Daß das Land relativ spät mit dieser neuen Kraft versorgt wurde, hat sicher auch neben der geringen Siedlungsdichte damit zu tun, daß die Landwirtschaft als Abnehmer weder für die elektrische Beleuch- tung noch für elektrisch betriebene Maschinen anfänglich in Fra- ge kam. Erst das Aufkommen motorgetriebener Geräte zur Unter- stützung der bäuerlichen Arbeit verhalfen der „Verstromung" auch hier zum Durchbruch. Da die Versorgung der ländlichen Ge- meinden kaum wirtschaftlich für größere Unternehmen durchzu- führen war, waren es die Müller, die sich in ihre wasserkraftbetrie- benen Mühlen einen Generator einbauen ließen, um dann im Ne- benverdienst den Gemeinden Strom zu liefern. Aus vielen dieser kleinen Anfänge entwickelten sich später stattliche Elektrizitäts- werke.

Die Trafostation in Hergershof wurde im Zuge einer neuen Überlandleitung durch das Elektrizitätswerk Braunsbach im Jahr 1910 gebaut. Die Pläne für diesen und ähnliche Türme fertigte der Haller Werkmeister Schindler. Über siebzig Jahre in Betrieb, wurde mit dem Bau eines neuen Trafohauses die alte Station 1985 überflüssig.

Im Museum zeigt der Transformatoren-Turm wieder das historisch richtige Innenleben: eine über einen großen Schalter zu betätigende 20-kV-Sicherung schützt den eigentlichen Transformator. Über eine dem Trafo nachgeordnete Niederspannungsverteilung führen verschiedene Stromkreise nach oben in die Freileitungen. Im Museum führen diese historischen Einrichtungen aus der Zeit um 1930 natürlich nicht mehr Strom, nur die Freileitungen zum Bahnhof und zum Lagerhaus stehen unter Spannung. Die interessante technische Ausrüstung mit originalem Material hat dankenswerter Weise das Elektrizitätswerk Braunsbach besorgt.

Gebäudedaten:

Länge × Breite: 2,60 m × 2,60 m
Abbau: 1988 in drei Gebäudeteilen
Wiederaufbau: 1988/89
Zeitstellung des Gebäudes: Um 1910

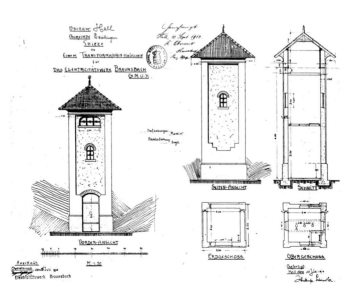

Baugesuch für die Errichtung des „Transformatoren-Häuschens" vom Juli 1910, eingegeben für einen Bauplatz in Geislingen, ausgeführt in Hergershof

2a Gasthof „Roter Ochsen" aus Riedbach, Stadt Schrozberg, Landkreis Schwäbisch Hall

Von Beginn der Planungen an war vorgesehen, im Hohenloher Freilandmuseum ein Gaststättengebäude für die Besucher zu errichten. War anfangs an einen reinen Neubau außerhalb des Museumsgeländes gedacht, entschloß sich die Museumsleitung schon bald, ein historisches Gasthaus im Eingangsbereich mit zeitgemäßer Gastronomie zu errichten. Ein dafür geeignetes Objekt zu finden, war nicht leicht. Es mußte abgängig sein, ausreichende Größe aufweisen, architektonisch und historisch von regionaler Bedeutung sein, originale Bausubstanz aufweisen und dazu die Möglichkeit bieten, die notwendige moderne Technik ohne allzu einschneidende bauliche Veränderungen im Baukörper selber unterzubringen. Diese Voraussetzungen trafen bei dem ehemaligen „Roten Ochsen" in Riedbach bei Schrozberg zu. Das große zweistöckige Gasthaus stand seit Jahren leer und sollte vom Besitzer abgerissen werden. Selbst das Denkmalamt konnte eine Genehmigung des Abbruchs nicht mehr verhindern.

Das giebelseitig zur Hauptstraße gelegene Gebäude zeigte vor Ort mehrere Bauphasen. Die Rückseite mit dem später verputzten Sichtfachwerk vermittelt noch in Ansätzen die Wirkung des ursprünglichen Baues vom Anfang des 18. Jahrhunderts. Im Laufe des 19. Jahrhunderts wurden die anderen Fachwerkwände durch massive Mauern ersetzt. Zum Gasthaus „Roter Ochsen" gehörte eine große Hofanlage, von der heute in Riedbach nur noch die

massive Scheune steht. Das Haupthaus besaß einen zweigeschossigen Anbau mit Schweinestall und Nebenkammern darüber. Gegenüber stand der separate Tanzsaal, den man vom
Obergeschoß des Gasthauses über eine Brücke erreichen konnte. Darunter befand sich ein gewaltiger Gewölbekeller.

*Das älteste bekanntgewordene Foto des „Roten Ochsen", es soll im Juli
1918 aufgenommen worden sein*

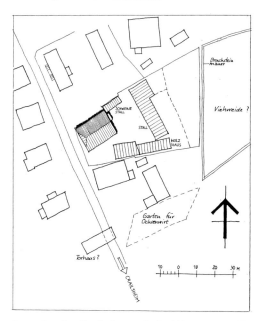

*Lageplan des Gasthofes nach der Urkarte von 1830 gezeichnet. Auffal-
lend ist die große ummauerte Baumwiese im Osten, deren einstige Bestimmung Rätsel aufgibt*

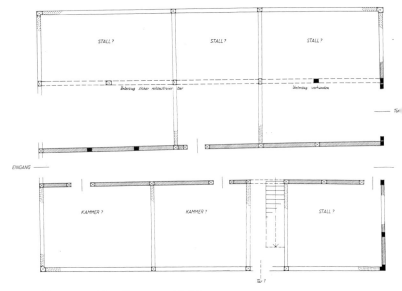

Haus- und Besitzergeschichte

Das mächtige zweigeschossige Haus war von Anfang an als Gastwirtschaft geplant worden. Dabei lagen, wie man bei der Bauuntersuchung zweifelsfrei feststellen konnte, die Gasträume mit der dazugehörigen Wohnung im Obergeschoß, im Erdgeschoß waren Ställe und die notwendigen Nebenräume eingebaut. Im Gegensatz zu den normalen Bauernhäusern ist der „Ochsen" giebelseitig erschlossen und betont damit seine Bedeutung für den Ort. Das Baudatum dieses Hauses konnte trotz dendrochronologischer Untersuchung und archivalischer Quellenforschung nicht aufs Jahr genau ermittelt werden. Es stellte sich bei den vielen wiederverwendeten Hölzern und den mannigfachen späteren Veränderungen die Zeit um 1715 als das eigentliche Baudatum heraus, wenn es auch einen Vorgängerbau gegeben haben muß, der wohl Anfangs des 16. Jahrhunderts neu erstand. Den barokken Neubau ließ Johann Peter Schmitt erstellen, der in erster Ehe die Witwe des vorherigen Wirtes heiratete. Das Gasthaus blieb im Besitz der Verwandtschaft über viele Generationen hinweg, bis es 1955 erstmals an Fremde verkauft wird.

Unter Johann Conrad Friedrich Ziegler, der in die Schmidtsche Familie eingeheiratet hatte, wird der „Ochsen" 1811 Poststation am Postkurs Augsburg–Frankfurt/Main zwischen Crailsheim und Bad Mergentheim. Diese Aufwertung des Landgasthofes hatte auch einen starken baulichen Wandel zur Folge. Ziegler ließ die Straßenfront in Stein erneuern und die Tor-, Tür- und Fenstergewände in zeitgemäßem Geschmack gestalten. Im Zuge dieser Maßnahme wurde das barocke Satteldach auf der Straßenseite abgewalmt, um dem Haus ein für die damalige Zeit modernes Gesicht zu geben. Auf uns macht es heute gerade dadurch einen altertümlichen Eindruck.

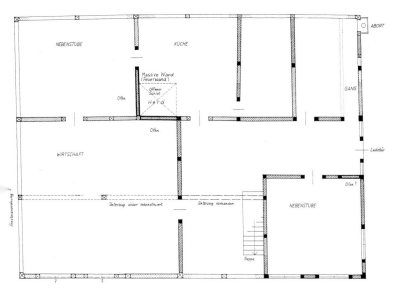

Rekonstruktionszeichnung nach Befunden des Obergeschosses zur Bauzeit 1715, die große Wirtsstube und die Feuerungseinrichtungen sind noch gut nachvollziehbar (rechts)

Rekonstruktionszeichnung nach Befunden des Erdgeschosses zur Bauzeit 1715, damals bestanden auch die Außenwände aus Fachwerk (links)

Rekonstruktion des rückwärtigen Ostgiebels zur Bauzeit 1715. Deutlich hebt sich die Nebenstube mit dem großen Fenster heraus

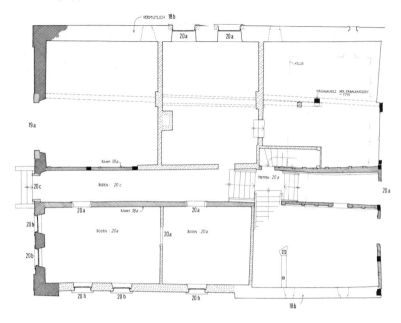

Nach dem Tode Zieglers 1845 erbte der jüngste Sohn Georg das Gasthaus, der es nur sechs Jahre führen konnte. Bald darauf wurde Riedbach vom benachbarten Niederstetten die Poststation mit Erfolg streitig gemacht. 1854 wird die Poststation in Riedbach geschlossen. In der Zeit war das Gasthaus im Besitz von Johann Georg Fleck, der in zweiter Ehe mit der Frau Georg Zieglers verheiratet war. Durch Vererbung und Kauf gelangte der „Ochsen" schließlich um 1880 in den Besitz der Familie Niklas, die ihn durch drei Generationen bis 1955 bewirtschaftete. In dieser Zeit ging die Bedeutung des Gasthauses für die Durchreisenden, insbesondere nachdem die parallel laufende Bahnlinie eröffnet war, immer mehr zurück. Bald war die Wirtsstube im Obergeschoß für den geringen Bedarf zu groß, so daß im Erdgeschoß rechts von der Eingangstür zwei kleine Gasträume genügten. Aber immer noch konnte im „Ochsen" übernachtet werden, dafür waren in der Bühne zwei Kammern eingerichtet. Über die Zeit von 1897 bis 1922 ist ein Gästebuch erhalten, aus dem hervorgeht, daß der „Ochsen" damals nicht ein Gasthaus der feinen Leute war, sondern eher das einfache Volk hier zum Übernachten einkehrte.

Der König von Württemberg im „Ochsen"?

Beim Abbau des Gasthauses erzählten Dorfbewohner den Museumsmitarbeitern eine alte „Sage", die mit dem „Ochsen" zusammenhänge. Danach sei einmal der wegen seiner Leibesfülle bekannte König von Württemberg durch Riedbach gekommen und im „Ochsen" eingekehrt. Des Nachts habe er seine Notdurft verrichten müssen, den vorhandenen Nachttopf als zu klein emp-

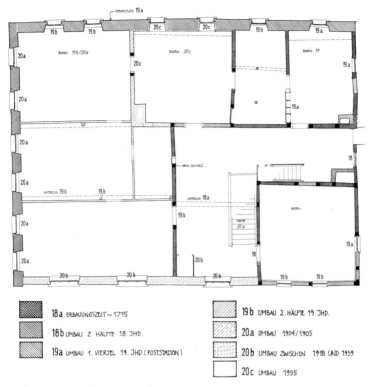

Baualtersplan Erdgeschoß (links) und Obergeschoß (rechts) mit Eintragung der sieben wesentlichen Bauphasen

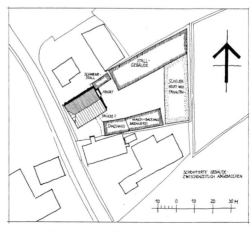

Lageplan des Gasthofes im Zustand der Zeit von 1900 bis 1950. Seit der ersten Vermessung sind eine neue Scheune, ein Stallgebäude und ein Wasch- und Backhaus hinzugekommen.

Beim Wiederaufbau erhielt der Nebensaal die Wandfassung aus der Zeit um 1810, als der württembergische König Riedbach besuchte

funden und schließlich nach mehreren Angeboten größerer Gefäße einen eilig herbeigeschafften Waschbottich als passend akzeptiert.

Nachforschungen in den Archiven ergaben, daß der beleibte König Friedrich I., um den es sich hier handeln müßte, vom 24. bis 28. Juli 1810 eine Reise nach Weikersheim unternommen hatte, wobei er tatsächlich am 27. Juli 1810 vormittags durch Riedbach gekommen ist. Eine Übernachtung ist nicht belegt, aber eine Erfrischungspause in dem stattlichen Gasthaus ist durchaus wahrscheinlich. Somit kann die Riedbacher „Dorfsage" auf einer wahren Begebenheit beruhen.

Auch spricht die bauliche Ausstattung des Nebenzimmers links des Treppenaufgangs für einen hohen Besuch in dieser Zeit im „Ochsen". Unter mehreren Farbfassungen wurde hier ein auffälliges Rosa auf den Wänden und eine Bemalung auf der Holzvertäfelung mit klassizistischen Blumen- und Rankenwerk freigelegt. Auf den senkrechten Stegen der Holzkassetten sind kleine Medaillons plaziert, die jeweils ein Porträt im Schattenriß zeigen. Diese Art der Raumgestaltung mit dem klassizistischen Feston, den bogenförmig durchhängenden Blumengirlanden und den Scherenschnittporträts läßt eine Entstehungszeit um 1810 vermuten, also die Zeit, als König Friedrich auf seiner Inspektionsreise durchs Hohenlohische fuhr. Vielleicht ließ damals der „Ochsen"-Wirt Ziegler für den kurzfristig angesagten hohen Besuch dieses Zimmer schnell dem damaligen Geschmack entsprechend neu ausgestalten.

Das Gasthaus „Ochsen" im Museum

Beim Wiederaufbau in Wackershofen mußte das alte Gasthaus zwei Forderungen erfüllen: einmal sollte es historisch so getreu wie möglich unter Weglassung neuerer zerstörerischer Einbauten wieder erstehen, andererseits sollte es als bewirtschaftete Gaststätte für die Bewirtung der Museumsbesucher praktisch eingerichtet sein.

Da man nicht den letzten Zustand, als sich im Obergeschoß eine große Wohnung und nur im Erdgeschoß zwei kleine Geräträume befanden, im Museum zeigen wollte und konnte, wurde nach den Originalbefunden die über 50 m² große Gaststube wieder hergestellt. Die moderne Gaststättenküche konnte unter Einbeziehung der ehemaligen Speisekammer genau da wiedererstehen, wo die Küche seit alters her angeordnet war. Die barocke Treppe, der Flur und die sonstige Raumeinteilung konnten unverändert übernommen werden. Die notwendigen Funktionsräume wie die sanitären Anlagen, Heizung, ein Lastenaufzug und Kühlzelle liegen im Erdgeschoß, das schon vor Ort durch massive Eingriffe in jüngerer Zeit recht umgemodelt war.

Trotz aller notwendigen modernen Ausstattungen wurden beim Wiederaufbau die historischen Bautechniken angewandt. So sind alle Fachwerkinnenwände wirklich mit Lehmflechtwerk wieder ausgefacht worden, die Decken sind Holzbalkenkonstruktionen, die Außenwände sind aus Bruchsteinen aufgemauert. Innendekoration und Außenanstrich sind nach Befunden am Bau ausge-

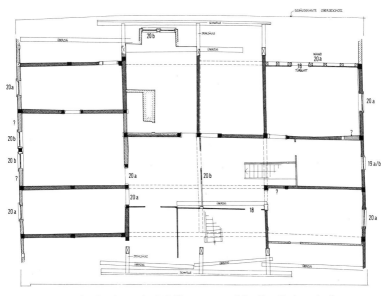

Baualtersplan Dachgeschoß, Erläuterungen siehe Plan Erdgeschoß

So sah der Eingang zuletzt vor Ort aus, das Kunststeingewände ersetzte 1955 die barocke Haustür. Nach historischen Fotos konnte der originale Zustand im Museum wieder hergestellt werden

wählt worden, wobei bewußt nicht auf eine zeitlich einheitliche Farbfassung Wert gelegt wurde. Das rotbraune Fachwerk mit dem Beistrich entspricht dem ursprünglichen Bild aus der ersten Hälfte des 18. Jahrhunderts, die grau und beige angestrichene Mauerwand mit den Faschen um die Fenster und den gesprenkelten Wandflächen dürfte aus der Zeit der Poststation (um 1820) stammen.

Trotz der „modernen" Nutzung als Gaststätte haben sich die Museumsarbeiter bemüht, die alten Lehmflechtwände wieder herzustellen

Beim Wiederaufbau konnten nicht alle Teile übernommen werden, hier der Wandschrank im Obergeschoß zwischen der Speisekammer und der hinteren Kammer

Gebäudedaten:

Länge × Breite: 18,20 m × 13,80 m
Abbau: 1983, zerlegt in Einzelteile
Bauaufnahme verformungsgerecht im Maßstab 1:25: Albrecht Bedal und Robert Crowell, Karlsruhe
Farb- und Putzuntersuchung: Ernst Stock, Schwäbisch Hall
Wiederaufbau: 1984/85, eröffnet seit 1986
Dendrochronologische Datierung: Hans Tisje, Neu-Isenburg
Zeitstellung des Gebäudes außen wie innen (bis auf die modernen Einbauten): um 1820

Literatur:

Gasthof zum Roten Ochsen, Kataloge und Begleitbücher des Hohenloher Freiland-museums Nr. 3, 1986 mit den Aufsätzen:
Albrecht Bedal, Architektur und Baugeschichte des Gasthofs
Ernst Stock, Putz und Farbe – Was der Restaurator im „Ochsen" fand
Albrecht Bedal/Heinrich Mehl, Der „Rote Ochsen" wird ins Museum versetzt
und weitere Beiträge über den „Roten Ochsen" im Wandel der Zeiten von Heike Krause, Heinrich Mehl, Sybille Frenz und Hedwig Rösle-Kizler

Mitteilungen des Hohenloher Freilandmuseums Nr. 5, 1984 mit ähnlichen Beiträgen.

2b Tanzhaus aus Oberscheffach, Gemeinde Wolpertshausen, Landkreis Schwäbisch Hall

Aus den alten Katasterplänen von Riedbach ist gut abzulesen, daß zum Gasthaus selber mehrere Nebengebäude gehörten. Gegenüber dem Hauptgebäude stand schon 1833 ein weiteres Wohnhaus, das in einer Beschreibung für die Besteuerung 1838 als „Tanzsaal" bezeichnet wird. Es soll sogar später einmal mit einer Brücke an das Gasthaus selber angebunden gewesen sein. Ein solcher Tanzsaal fand sich in Oberscheffach hinter dem dortigen Gasthaus „Falken". Auf einem gemauerten, hoch herausragenden Kellersockel stand ein einfaches Fachwerkgebäude aus der Zeit um 1800. Als das Museum ihn entdeckte, war er schon einsturzgefährdet und zum Abbruch freigegeben. Im Innern war noch das originale „Geigenständle" auf der Rückseite des Saales erhalten, der selber durch ein Sprengwerk im Dach stützenfrei gehalten war. Das Oberscheffacher Tanzhaus stand dicht am Gasthaus, ein überdachter, schmaler Zwischenbau stellte die Verbindung zu ihm her.

Zusammen mit dem Gasthaus „Ochsen" aus Riedbach wurde im Hohenloher Freilandmuseum eine neue Baugruppe komponiert, Anschluß und Lage des Tanzhauses stimmen mit der Situation in Oberscheffach überein. Da das in den Hang hineingemauerte Untergeschoß vor Ort verbleiben mußte, wurde in Wackershofen ein neues Erdgeschoß rekonstruiert und zwei im Bauhof eingelagerte, datierte Rundbogengewände als Tore eingebaut. Hier befindet sich jetzt der Eingang ins Museumsdorf mit Kasse, Information und Bücherverkauf.

Gebäudedaten:

Länge × Breite (nur Tanzhaus ohne Zwischenbau): 9,50 m × 7,70 m
Abbau: 1983, zerlegt in Einzelteile
Bauaufnahme im Maßstab 1:50: Hochbauamt der Stadt Schwäbisch Hall, Gerhard Leibl
Wiederaufbau: 1984/85, eröffnet seit 1986
Zeitstellung des Tanzsaales: Mitte 19. Jahrhundert

Das baufällige Tanzhaus hinter dem Gasthaus „Falken" in Oberscheffach kurz vor dem Abbau

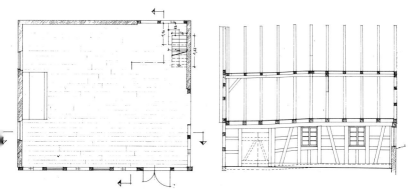

Grundriß und Längsschnitt. Durch ein Sprengwerk im Dach konnte der Saal stützenfrei gehalten werden

2c Nebengebäude aus Steinbach, Stadt Künzelsau, Hohenlohekreis

Hinter dem Gasthaus „Roter Ochsen" stand in Riedbach bis in die 50er Jahre ein Schweinestall mit Remise und darübergelegener Knechtskammer. Um diese Hofsituation ungefähr wieder im Museum nachvollziehen zu können, wurde ein kleines Wirtschaftsgebäude aus Steinbach an die Stelle des schon lang abgegangenen Riedbacher Schweinestalles gesetzt. Der Steinbacher Nebenbau besteht aus Schweinestall, Remise und Backofen, neben dem eine Trockenkammer als „Hutzeldarre" gedient hat. Bis auf Fachwerkteile in den Dachgiebeln und am Schweinestall ist er massiv aus Sandsteinen aufgemauert. Über das genaue Baudatum ist nichts bekannt, die Art des Fachwerks und des Mauerwerks lassen auf eine Entstehungszeit in der ersten Hälfte des 19. Jahrhunderts schließen.

Bei diesem relativ kleinen Gebäude gelang es dem Hohenloher Freilandmuseum zum ersten Mal, die ganze Balkendecke über dem Erdgeschoß in einem Stück zu translozieren. Ausschlaggebend für die Wahl dieser Versetzungsmethode war, daß die gesamte Lehmausfachung zwischen den Balken noch recht gut erhalten und durch das Backofenfeuer rußgeschwärzt war und daß im Bereich des Backofens die hölzernen Deckenbalken aus Brandschutzgründen auf der Unterseite mit alten Biberschwanzziegeln verkleidet waren. Bei einer Zerlegung wären gerade die interessanten, starken Gebrauchsspuren im Bereich des Backofens unwiderbringlich verloren gegangen.

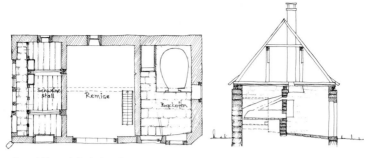

Grundriß und Schnitt; Schweinestall und Backofen in einem Gebäude sind nichts ungewöhnliches

Gebäudedaten:

Länge × Breite: 10,40 m × 5,70 m
Abbau: 1984, Decke und Dachgiebel in ganzen Teilen
Bauaufnahme im Maßstab 1:50: Hochbauamt der Stadt Schwäbisch Hall, Gerhard Leibl
Wiederaufbau: 1985
Zeitstellung des Gebäudes: um 1850

Literatur:

Gerhard Leibl, Zur ganzheitlichen Translozierung des Nebengebäudes aus Steinbach, in: Mitteilungen des Hohenloher Freilandmuseums Nr. 6, 1985

Als das Museum das Nebengebäude entdeckte, war schon fast das ganze Dach abgebrochen

39

2d Schankhalle vom Gasthaus Stern aus Oberfischach, Gemeinde Obersontheim, Kreis Schwäbisch Hall

Um die Jahrhundertwende war es im Sommer ein beliebtes Sonntagsvergnügen, aufs Land zu ziehen und dort in einer der vielen Gastwirtschaften zu kegeln. Dafür wurden extra Kegelbahnen mit einem offenen, aber überdachten Freisitz gebaut.

Teil einer solchen Kegelbahn war unsere Schankhalle, die als Ersatz für eine ältere Anlage um 1905 direkt neben dem Gasthaus errichtet wurde. Im Feuerversicherungsbuch der Gemeinde wird sie 1907 erwähnt: „Eine freistehende einstockige Kegelbahn mit Schenkhalle auf Fußmauern und Freipfosten, Stangen mit Satteldach". Die Art des Aufbaus mit den unentrindeten Rundhölzern und den diagonal aufgenagelten Latten ist typisch für viele gleichartige Kegelbahnen oder Gartenlauben in der damaligen Zeit. Nur wenige dieser einmal weitverbreiteten Anlagen sind heute noch erhalten, so z.B. ein kleiner Pavillon beim ehemaligen Gasthaus Adler im Nachbarort Hausen oder eine ganze Kegelbahn mit Halle in Laudenbach im Vorbachtal.

Die Oberfischacher Schankhalle ist recht geräumig mit ihren 11 m Länge gegenüber zu den sonst bekannten Kegelbahnen. Dabei fällt beim Vergleich mit den Lageplänen eine Unstimmigkeit auf: noch um 1960 ist die Halle nur mit einer Länge von 5 m eingetragen, die Kegelbahn selber mißt 16 m. Da bei der Halle keine Umbauspuren zu entdecken sind – sie wirkt wie aus einem Guß – muß man davon ausgehen, daß sie nur 5 m lang geplant, aber über doppelt so lang ausgeführt wurde, ohne die Baubehörden davon in Kenntnis zu setzen.

Vom Betrieb der Kegelbahn zeugt eine Aufnahme von 1938. Mit Beginn des 2. Weltkrieges wurden solche sonntäglichen Vergnügungen eingestellt, die auch nach dem Krieg nicht wieder auflebten. Für diese einfache Unterhaltung von alt und jung war jetzt keine Zeit mehr. So wurde die Bahn selber schon 1951 abgebrochen. Die Schankhalle verdankte ihr langes Leben dem Umstand, daß sie sich wegen der guten Durchlüfung besonders gut als Brennholzlager eignete.

Gebäudedaten:

Länge × Breite: 11 m × 5,50 m
Abbau: 1990, Versetzung in einem Stück
Bauaufnahme verformungsgerecht im Maßstab 1:25: Göbel/Reinicke, Neumarkt-St. Veit
Wiederaufbau: 1990
Zeitstellung: um 1910

Vor der Kulisse unserer Schankhalle präsentierte sich 1933 der Oberfischacher „Kegel Club"

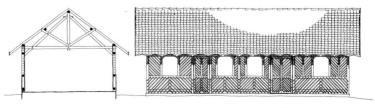

Querschnitt und Ansicht des aus Rundholz gebauten Pavillons

3a Wohn-Stall-Haus aus Elzhausen Gemeinde Braunsbach, Landkreis Schwäbisch Hall

In seiner Gestaltung mit dem Erdgeschoß aus behauenen Sandsteinquadern und dem einfachen Fachwerk im Obergeschoß sowie in seiner Aufteilung mit den Stallräumen unten und der Wohnung oben entspricht das Elzhausener Haus ziemlich genau dem vom Kupferzeller Pfarrer Mayer beschriebenen und empfohlenen Gebäudetypus für die Bauernhäuser in unserer Region. In seinem „Lehrbuch für die Land- und Hauswirthe", gedruckt 1773 in Nürnberg, beschreibt er einen seiner Meinung nach idealen Bauernhof. Dort ist auch ein solches Wohn-Stall-Haus mit der dazugehörigen Scheune abgebildet. Drei Türen führen in das massiv gemauerte Erdgeschoß, die mittlere davon ist die Haustür, die in den Querflur mit der einläufigen Treppe führt. Links und rechts ist der Flur von den beiden Stallräumen eingerahmt. Die Wohnräume im Obergeschoß werden über einen Winkelflur erschlossen. Der größte Raum ist die Wohnstube, sie liegt über Eck. Dahinter ist die Stubenkammer angeordnet. Von der Küche aus, die eine kurze, gemeinsame Wand mit der Stube besitzt, wird der Ofen in der Stube geschürt. Links und rechts des schmalen Stichflures sind die Kammern aufgereiht, an seinem Ende befindet sich der Abtritt. Der große zweigeschossige Dachboden dient zum Aufschütten des Getreides, darin eingebaute Kammern sind für die Kinder oder das Gesinde vorgesehen.

Das Haus aus Elzhausen hat große Ähnlichkeit mit diesen Vorstellungen. Drei Türen führen ins Erdgeschoß mit seinen beiden Ställen, im Obergeschoß liegen die Wohnräume in ähnlicher Anordnung, wie es in dem populären Lehrbuch empfohlen wurde. Was Pfarrer Mayer allerdings in seinem Werk verschweigt, ist, daß dieser Gebäudetypus schon einige Jahrhunderte vorher in unserer Region für die Wohnhäuser auf dem Lande allgemein üblich gewesen war. Er ist keine Neuerfindung des auch als „Gips-Apostel" bekannt gewordenen Kupferzeller Pfarrers. Dieser Haustyp erwies sich schon seit dem Mittelalter als praktisch und nützlich und setzte sich dementsprechend in unserer Region durch. Er hat prinzipiell durch die Stelzung der Wohnräume Beziehungen zu manchen Arten des Schwarzwaldhauses. Pfarrer Mayer ist der Verdienst zuzurechnen, die besonderen Qualitäten dieses Hausgrundrisses erkannt zu haben und sie als nachahmenswert zu empfehlen, was auch besonders in Hohenlohe um 1800 vielerorts geschehen ist.

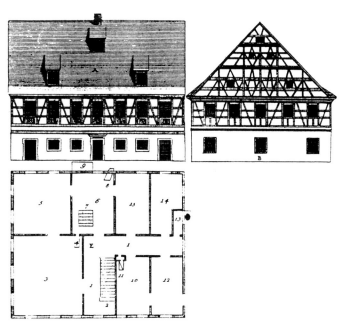

Pfarrer Mayer zeigt in seinem Lehrbuch „ein würklich so erbautes Bauernhaus" mit den Ställen im Erdgeschoß und der Wohnung darüber

Eine historische Aufnahme von 1902 zeigt uns die Situation in Elzhausen mit der großen Scheune. In der Mitte steht Johann Friedrich Frank, flankiert von den Töchtern und den Söhnen

Haus- und Baugeschichte

Der heutige Zustand im Museum ist weitgehend eine Rückführung in den Bauzustand von 1794, als dieses Haus in Elzhausen von dem Bauern Georg Heinrich Schuhmacher, dessen Initialen im Türsturz der Eingangstür zusammen mit dem Baudatum eingemeißelt sind, neu erbaut wurde. Verzierter Sandsteinsockel und sichtbares Fachwerk im Obergeschoß waren damals beim

Grundriß Erdgeschoß (unten) und Obergeschoß (rechts) der Bauaufnahme von 1979

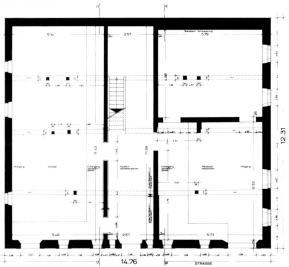

Das leerstehende Haus Frank kurz vor dem Abbau 1979

Neubau üblich. Die reichlich vorgesehenen großen Fenster ließen Licht und Luft in die Wohnräume. Auf der „schönen" Giebelseite liegen hier die Stube und daneben die großzügig bemessene Küche, deren Lage am Gebäudeeck und nicht, wie sonst üblich in der Mitte der Längswand eine Besonderheit dieses Hauses ausmacht.

Als 1831 Johann Georg Kuch in die Familie einheiratet und den Hof vermutlich auch gleich danach von seinem Schwiegervater übernimmt – seine Initialen sind am rechten Eckständer nachträglich eingeschnitzt – wird am Haus einiges verändert. Die augenfäl-

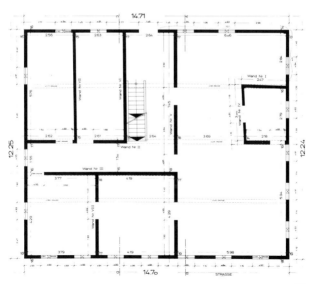

Der gußeiserne Kastenofen aus Wasseralfingen war bis ins Zwanzigste Jahrhundert hinein die übliche Stubenheizung

ligste Neuerung ist das Glockentürmchen, das 1832 auf die obere Bühne gesetzt wurde und etwa drei Meter über den Dachfirst hinausragt. Der untere Teil des Türmchens war beim Abbau noch erhalten, das Türmchen selber wurde schon vor Jahren abgesägt. Die Glocke – eine Bronzeglocke, laut Inschrift in Nürnberg 1832 gegossen, „Zum Andenken gestiftet von Georg Heinrich Schuhmacher, Bürger zu Elzhausen" – hängt heute wieder im Türmchen. Sie kann wie früher von der von der Küche abgeteilten Kammer aus mit dem dort endenden Glockenseil bedient werden.

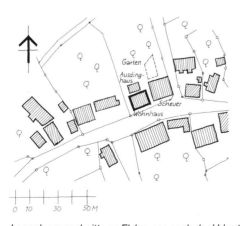

Lageplanausschnitt von Elzhausen nach der Urkarte 1837

46

Dieser „Verschlooch" wurde erkennbar nachträglich eingebaut und dürfte im Zusammenhang mit dem Turm 1832 entstanden sein. Die Funktion dieser Kammer ist vermutlich mit dem „Kabinettla" im Fränkischen vergleichbar, einer Abtrennung innerhalb der Wohnstube, wo sich Familienmitglieder zurückziehen konnten. In unserem Haus kann es sich auch um den Eßplatz des Bauern gehandelt haben, wenn er nicht mit dem Gesinde zusammensitzen wollte und, vor neidischen Blicken der Mägde und Knechte geschützt, etwas Besseres verzehren konnte. Im Zusammenhang mit diesem Umbau ist vermutlich auch der Abort wegen der größeren Bequemlichkeit ins Haus gelegt worden.

Die nächste bauliche Veränderung ist fällig, als ein Enkel Kuchs, Johann Friedrich Frank, 1881 heiratet und den Hof übernimmt. Am Wohnstock wird kaum etwas umgearbeitet, hauptsächlich der Pferdestall, der rechte Stall im Erdgeschoß, wird jetzt modernisiert. Dessen Eingangstür wird verbreitert und mit einem neuen Gewände versehen, datiert „1884". Von da an bleibt das Haus fast hundert Jahre im Besitz der Familie Frank, die das Haus den jeweiligen Bedürfnissen anpaßt. Die Traufseite wird in den Dreißiger Jahren verschiefert, nach dem Krieg erhält auch der rückwärtige Giebel, die Wetterseite, eine Verkleidung.

Das Haus im Museum

Da es im Museumsgelände nicht möglich war, die Originalsituation mit dem halb im Hang stehenden Gebäude herzustellen, hat sich die Museumsleitung beim Wiederaufbau entschlossen, die rückwärtige Außentüre ins Erdgeschoß zu verlegen und die Lücke im Obergeschoß mit Fachwerk zu schließen. Da die rückseitige

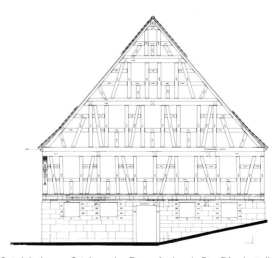

Ansicht des Ostgiebels vor Ort (aus der Bauaufnahme). Der Pferdestall besaß eine seitliche Tür

Die Elternschlafkammer ist mit Möbeln einer Aussteuer aus Schwöllbronn (datiert 1830) ausgestattet

Stallwand und die beiden Giebelseiten des Erdgeschosses als Stützwand vor Ort in Elzhausen stehen bleiben mußten, war es sowieso notwendig geworden, diese Wände in neuem Material in rekonstruierter Fassung aufzubauen.

Im Museum ist der linke Stall als Rinderstall genutzt, der nicht nur nach historischen Vorbildern mit Sandsteintrog, Futtergang, Mistgang und Urinrinne eingerichtet wurde, sondern auch die „Museumskühe" beherbergt. Hier werden nach den alten Methoden die Tiere versorgt und gepflegt, selbst im Winter bleiben die Rinder in diesem Stall.

Über eine historischen Vorbildern nachempfundene Treppe erreicht man das Wohngeschoß, das mit Möbeln aus der Blütezeit des bemalten Mobiliars – erste Hälfte des 19. Jahrhunderts – eingerichtet ist. Als Hersteller in dieser Zeit in unserer Gegend ist besonders die Schreinerfamilie Rößler aus Untermünkheim bekannt. Aus dem Umkreis der Rößlers stehen einige besonders prächtige Exemplare in der Stube und in den Kammern.

Die Küche, von der aus der große Kastenofen in der Stube geschürt wurde, nähert sich in ihrer Ausstattung mit dem Sparherd und den Küchengeräten dem Ende des 19. Jahrhunderts. Die großen Dachböden enthalten auf der einen Seite die Schüttböden für die Frucht mit ihrer zentnerschweren Last. Auf der anderen Seite sind Räume als Abstellraum und Getreidekammer eingerichtet. Hinter den großen wohnstubenhaften Fenstern im oberen Bühnenraum liegt der Taubenschlag, der früher bei keinem Bauernhaus fehlen durfte.

Gebäudedaten:

Länge × Breite: 14,70 m × 12,30 m
Abbau: Ende 1979
Bauaufnahme: Städtisches Hochbauamt Schwäbisch Hall
Wiederaufbau: ab 1980, eröffnet seit 1983
Zeitstellung des Gebäudes außen wie innen: um 1830

Literatur:

Berichte zur Aufbauarbeit in den Mitteilungen des Hohenloher Freilandmuseums
Nr. 1, 1980
Nr. 2, 1981
Nr. 3, 1982

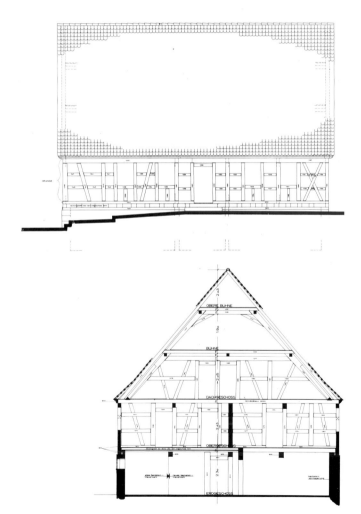

Die Pläne der Bauaufnahme zeigen in etwa den Zustand vor Ort: Hintere Längsansicht mit der Tür aus dem Wohngeschoß ins Freie, Querschnitt

49

3b Stall-Scheune aus Langensall, Stadt Neuenstein, Hohenlohekreis

In Elzhausen gehörte eine zweitennige Scheune zum Wohnhaus, die parallel dazu am Ortsweg stand. Da das Haus so sehr den Beschreibungen des Pfarrer Mayer vom Ende des 18. Jahrhunderts entsprach, war es von Anfang an Ziel der Museumsplanung, ihm eine solche Scheune, wie sie gleichfalls vom Pfarrer Mayer 1773 zu bauen empfohlen wurde, zuzuordnen. Seine Scheune sollte fünfzonig sein, mit zwei Tennen und je einer Abteilung zur Aufbewahrung des Getreides und des Futters. Die dritte Zone sollte entweder als Stall, als Wagenhütte „oder zur Aufbewahrung allerhand Werkzeuge" dienen. Pfarrer Mayer sieht auch den Vorteil, wenn die Tennen auf beiden Seiten Tore haben: einmal können ein paar Ochsen angespannt ungehindert durchgehen und den Wagen hinten ganz bequem herausschleppen, zum anderen kann man beim Getreidereinigen je nach Windrichtung das vordere oder hintere Tor schließen, damit der Staub besser zurückbleibt. Die für ihn damals übliche Scheune hatte allerdings auf der Rückseite kein vollständiges großes Tor, sondern nur eine Tür so groß wie die in den Stall. Eine dieser Schilderung recht ähnliche Scheune konnte in Langensall entdeckt werden. Sie war seit langem ungenutzt und abgängig.

Baubeschreibung

Durch zwei inschriftliche Datierungen verrät uns das große Gebäude sein Alter: Der Türsturz über der zweiflügeligen Brettertür

Die Scheune im Zustand vor Ort

Auch mit der Scheune hat sich Pfarrer Mayer befaßt: „Die Scheune selbst bekommt drey Abtheilungen, und zwischen denselben zween Dennen"

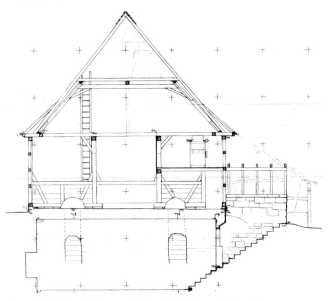

Querschnitt durch den gewölbten Keller (Bauaufnahme)

trägt die eingeschnitzte Jahreszahl „1832". Auf eben dieses Baudatum weist auch ein Holztäfelchen am Eckpfosten zum Wohnhaus hin. Die Jahreszahl „1822" über der Stalltür kann bedeuten,
daß der gemauerte Stall von einem kurz zuvor errichteten Bau
stammt oder aber, daß der Sturzstein eines Vorgängerbaus im
Neubau wiederverwendet wurde.
Zwar entspricht die Langensaller Scheune in großen Bereichen
den Vorstellungen Pfarrer Mayers, aber man spürt doch, daß sich
in den sechzig Jahren seit seiner Veröffentlichung auch in der
Landwirtschaft einiges verändert hat. Auffallend ist, daß der Stall
jetzt voll ausgebildet ist und in keiner Weise als „Notstall" dient,
daß die Scheune auch rückseitig die großen Tennentore besitzt
und unter dem mittleren Fach einen riesigen Keller für die Aufbewahrung der Kartoffeln und des Mostes erhalten hat. Unter dem
rechten Barn, dem Getreidelager, ist ein niedriger Schafstall eingebaut. Wie in den Scheunen seit langem üblich und bis in unser
Jahrhundert beibehalten, ist nur über den beiden Tennen und
dem Stallbereich eine Deckenbalkenlage eingezogen. In die bis in
die obere Bühne offenen Barn ist das Getreide und Heu raumhoch
gestapelt worden. Der niedrige Boden über dem Stall wurde zum
Aufschütten des gedroschenen Getreides, aber auch zum Stroh-
schneiden oder ähnlicher Arbeiten genutzt. Im Dachboden darüber scheint später einmal eine Kammer eingerichtet worden zu
sein. Ebenfalls eine jüngere Zutat ist der Zwischenboden im mittleren Barn, der eine ortsfeste Dreschmaschine aufnimmt. Die
Barn sind von den Tennen schulterhoch durch Bohlenwände abgetrennt. In den tief eingegrabenen Keller gelangt man über die
steile Treppe im gewölbten Kellerhals, der weit vor die Scheune
springt und mit einem kleinen Satteldach gedeckt ist.

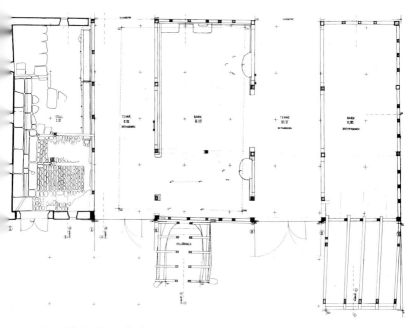

Grundriß der Bauaufnahme

Die Fachwerkaußenwände sind aus Eichenholz, die Balken im Innern aus Fichtenstämmen gebeilt. In die verputzten Gefache war ein Gittermuster aus Wellenlinien und geraden Strichen eingedrückt. Wettergiebel, Stallwände und Keller sind aus sorgfältig behauenem Sandstein gemauert. Das Dach ist mit handgestrichenen Biberschwanzziegeln mit dazwischengeschobenen Schindeln – in sogenannter Einfachdeckung – gedeckt. Seit ihrer Erbauung haben die vielen Besitzer kaum etwas baulich verändern müssen, sie hat als gut durchdachtes ländliches Wirtschaftsgebäude mit den großzügigen Räumen für das Bergen der Ernte, für die Unterbringung von Tieren, Werkzeug und Wagen 150 Jahre lang gute Dienste geleistet.

Gebäudedaten:

Länge × Breite: 22 m × 12 m
Abbau: Herbst 1982, zerlegt in Einzelteile
Bauaufnahme verformungsgerecht im Maßstab 1:25: Günter Mann, Schorndorf
Wiederaufbau: 1983
Zeitstellung des Gebäudes: Ursprünglicher Zustand von 1832 mit den kleinen Veränderungen um 1900 (Dreschmaschine)

Literatur:

Günter Mann, Doppelscheune Langensall, in: Mitteilungen des Hohenloher Freilandmuseums Nr. 4, 1983

Johann Friedrich Mayer, Lehrbuch für die Land- und Hauswirthe, Nürnberg 1773, Faksimiliedruck Schwäbisch Hall 1980

3c Kleintierstall aus Diebach, Stadt Ingelfingen, Hohenlohekreis

In der historisch überlieferten Einteilung des Wohn-Stall-Hauses aus Elzhausen war im Untergeschoß hinter dem Rinderstall ein kleiner Schweinestall abgeteilt. Da dieser sicher mit dem Umbau 1832 aus dem Haus verdrängt wurde (und diese Zeit wird im Museum hauptsächlich dargestellt), war es notwendig, ein kleines, extra stehendes Schweinestallgebäude zu errichten. Besonders in der zweiten Hälfte des 19. Jahrhunderts waren solche zweigeschossigen Nebengebäude für die Unterbringung der Schweine, Ziegen oder Hühner des Hofes üblich.

Im aus behauenen Sandsteinquadern gemauerten Erdgeschoß sind zwei Schweinekoben eingerichtet, links daneben ein kleiner, plattenbelegter Raum, der als Schaf- oder Ziegenstall gedient haben kann. Die Schweineställe sind charakterisiert durch die in die Außenwand eingelassenen Futtertröge mit den nach oben aufklappbaren Türchen, so daß beim Füttern der Stall selber nicht betreten werden muß. Im oberen Geschoß, in einfachem Riegelwerk errichtet, liegt in der rechten Ecke ein kleiner Hühnerstall, von außen über eine Hühnerleiter erreichbar. Der verbleibende Raum kann zu den unterschiedlichsten Zwecken genutzt werden: als Lager für Backprügel oder für Reisig zum Beispiel, natürlich auch als Futterlager oder manchmal sogar als Werkraum des Altbauern. Das Fachwerkgeschoß kann nur über eine Leiter erreicht werden, die an einem Asthaken an der Hauswand hängt und bei Bedarf angestellt wird.

Der trapezförmige Grundriß erklärt sich aus der speziellen Lage in Diebach. Hier stand der kleine Stall recht beengt an der Grundstücksgrenze, jeder Platz im Hofraum mußte ausgenutzt werden.

Gebäudedaten:

Länge × Breite: 6,60 m × 2,50/2,75 m
Abbau: 1980, zerlegt in Einzelteile
Bauaufnahme im Maßstab 1:50: Hochbauamt der Stadt Schwäbisch Hall, Gerhard Leibl
Wiederaufbau: 1982
Zeitstellung des Gebäudes: um 1880

In Diebach lag der Schweinestall eingezwängt im Hofraum

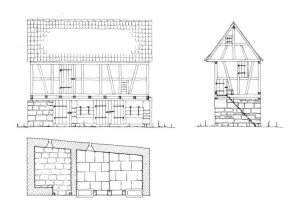

Bauaufnahme des Schweinestalles, Ansichten und Grundriß

3d Ausdinghaus mit Back- und Waschküche aus Morbach, Gem. Grab, Rems-Murr-Kreis

Katasterpläne und Fotos zeigen, daß hinter dem Wohn-Stall-Haus aus Elzhausen ein sogenanntes „Ausdinghaus", ein kleines Wohnhaus für die Alten, die den Hof an einen Nachfolger überge-ben haben, bis in die Siebziger Jahre stand.

Ein von den Abmessungen ähnliches Ausdinghaus konnte aus Morbach übernommen werden. Obwohl erst 1856 erbaut, ist es von seiner ganzen Konstruktion und dem Grundrißgefüge her eher dem beginnenden 19. Jahrhundert zuzuordnen als seiner zweiten Hälfte. Im Museum richtet sich seine Lage nach der histo-risch belegten Situation in Elzhausen.

Nicht immer die Regel, wohl eher sogar die Ausnahme, war die Anlage eines eigenen Ausdinghauses in unserer Region. Meist konnte den Eltern, wenn sie den Hof an einen Sohn verkauften, im Wohngebäude selber eine kleine Wohnung mit eigener heizbarer Stube und Küche zur Verfügung gestellt werden. Als Beispiele da-für können im Museum das Weidnerhaus und das Wohn-Stall-Haus aus Schönenberg stehen, die beiden im Wohnobergeschoß ein Ausgeding im räumlichen Zusammenhang mit der Hauptwoh-nung besitzen. Bei der Hofübergabe war die vertragliche Festle-gung von Dauerwohnrecht und Versorgung für die ausscheiden-den Alten zentraler Punkt in den notariell beglaubigten Kaufakten.

Haus und Besitzergeschichte

Das kleine zweigeschossige Haus hat eine ähnliche Aufteilung wie viele der größeren Hauptgebäude in der Region. Im Erdgeschoß liegen der Stall und sonstige Wirtschaftsräume, das Obergeschoß beherbergt die recht geräumige Altenwohnung. Dieses Haus mußte aber für den Hof neben seiner Nutzung als Ausgeding noch weitere Funktionen übernehmen: die Wasch- und Backküche mit den eingebauten Schweineställen diente allen Be-

Das abgängige Ausdinghaus in Morbach, 1984

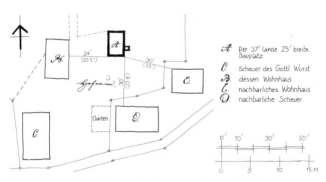

Lageplan, nachgezeichnet dem Baugesuch von 1856. In Klammern sind die von der Bauschau festgestellten tatsächlichen Abstandsmaße aufgeführt

Inschrift im Türsturz

wohnern, nicht nur den Austräglern, zwei Kammern in der Wohnung und im Dachboden waren zeitweise von unverheirateten Angehörigen der Hofbesitzer bewohnt.

Der Erbauer, Gottlieb Wurst, hatte mit den Behörden seine Schwierigkeiten. Das recht verworrene Genehmigungsverfahren konnte vom Museum durch umfangreiches Aktenstudium aufgeklärt werden. Wie vielmals heute noch gern geübte Praxis, ließ der Bauherr das Häuschen sowohl von der Größe, von der Einteilung und von der Lage im Hof her ganz anders erbauen als die eingezeichneten Pläne 1856 aussagten. Die erhaltenen Grundrißpläne zeigen die Bleistiftkorrekturen, die bei einer Visitation von der Bauschau eingetragen wurden. 1859 war das Bauvorhaben einigermaßen fertiggestellt, so daß die Bauabnahme erfolgen konnte. Nach der Hofübergabe zogen die Altenteiler schon 1858 in ihr „neu erbautes Wohnhaus" ein und wohnten dort bis zu ihrem Tode 1852 bzw. 1866. Als ihr Sohn Andreas Wurst 1892 ebenfalls den Hof weitergab, kam wieder Leben in das Hinterhaus. Vermutlich ließ Andreas Wurst damals die Ausdingwohnung für sich gründlich renovieren und modernisieren, bevor sie wieder nach beinahe dreißig Jahren bezogen werden konnte. Aus dieser Zeit stammen wohl der Sparherd mit einem neuen Kamin in der Küche und neue Fenster auf den beiden „besseren" Seiten. Seit der Jahrhundertwende wieder leer, beziehen im 2. Weltkrieg neun französische Kriegsgefangene das „Häusle", danach drei ungarische Flüchtlingsfamilien.

Die Baugesuchspläne von 1856 mit den nachträglichen Veränderungen

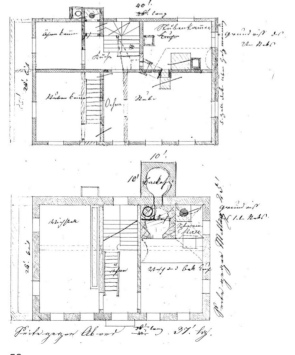

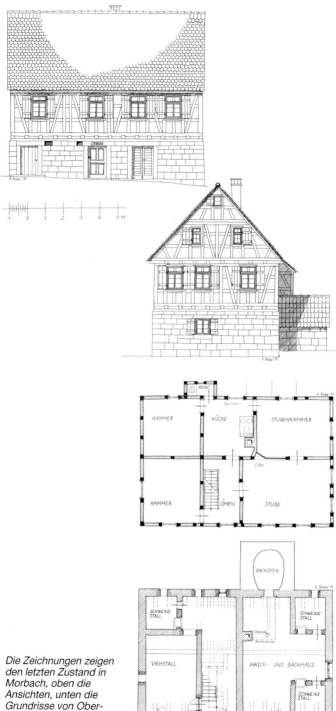

Die Zeichnungen zeigen den letzten Zustand in Morbach, oben die Ansichten, unten die Grundrisse von Ober- und Erdgeschoß

59

Die Stube der Altbauern wurde im Stil der Jahrhundertwende im Museum nachempfunden

Zur Einrichtung

Bei der Übernahme ins Museum war das seit Jahren leerstehende und als Hühnerstall genutzte Haus recht desolat. Der heutige bauliche Zustand mit engem Zugkamin und den originalen Fenstern mit der Doppelsprosse erlaubt nicht mehr die Rückführung der Ausstattung in die Zeit der Erbauung, vielmehr kann nur versucht werden, die Wohnverhältnisse des Austragbauern Andreas Wurst um 1890 nachzustellen. Dabei dürfen dann natürlich ältere Möbel, sogar einige wertvolle Erbstücke in der Ausdingswohnung stehen, denn die Altenteiler haben sich damals bei ihrem Einzug sicherlich nicht neu eingerichtet.

Beim Abbau wurde auf der Flurwand ins Erdgeschoß unterhalb der Schlafkammer ein schwebender Engel unter mehreren Putzschichten entdeckt. Dieser groß gemalte Engel mit Posaune in schwarzer Umrißzeichnung stammt wohl noch aus der Erbauungszeit, er ist nahezu von seiner Gestaltung her identisch mit Engelsdarstellungen auf gedruckten Schutzbriefen oder sog. „Himmelsbriefen" des 19. Jahrhunderts. Eine Deutung als Schutzengel ist wohl am wahrscheinlichsten, wenn man weiß, daß in diesem Haus allerlei rätselhafte Dinge vorgekommen sein sollen und nach den Erzählungen der Erben Tiere wie Menschen von seltsamen Krankheiten befallen wurden.

Bild eines schwebenden Engels auf der Flurwand direkt unter der Schlaf-kammer

Gebäudedaten:

Abbau 1984, zerlegt in Einzelteile
Bauaufnahme Hochbauamt Stadt Schwäbisch Hall, Gerhard Leibl
Farb- und Putzuntersuchung Ernst Stock, Schwäbisch Hall
Wiederaufbau 1985–86, eröffnet seit 1986
Zeitstellung des Gebäudes außen wie innen: um 1890.

Literatur:

Mitteilungen des Hohenloher Freilandmuseums Nr. 7, 1986 mit folgenden Aufsätzen:
Heinrich Mehl, Das Ausdinghaus Wurst und seine Bedeutung für das Freiland-museum
Sibylle Frenz / Heinrich Mehl, Rätselhafte Vorkommnisse im Ausdinghaus Morbach
Otto Eckstein, Radiaesthetische Untersuchung des Ausdinghauses Morbach
Sibylle Frenz, Aus der Besitzergeschichte des Hofes Lenz-Wurst-Haag in Morbach, mit Liste der Besitzer seit 1761, Kaufvertrag von 1858 und dem Inventar zum Ehe-vertrag 1858
Zauber und Segen, Kleine Schriften 1 des Freilichtmuseums Neuhausen ob Eck

4a Wohn-Stall-Haus aus Schönenberg, Gemeinde Untermünkheim, Kreis Schwäbisch Hall

Entgegen der landläufigen Meinung, mit der Mitte des 19. Jahrhunderts höre die traditionelle ländliche Bauweise auf und allgemeine, überregionale Stil- und Funktionselemente würden nun auch die Dörfer beeinflussen, steht die Erfahrung unseres Museums mit dem ländlichen Hausbau in der zweiten Jahrhunderthälfte. Als ein bedeutendes Beispiel für in dieser Zeit entstandene Häuser kann das 1887 in Schönenberg erbaute Wohnhaus Härterich gelten, das jetzt im Freilandmuseum steht. Hier schuf die traditionelle Handwerksarbeit der einheimischen Zimmerer und Steinhauer ein repräsentatives Gebäude, das sich von seinem Äußeren her zwar eher mit einer Villa als mit einem Bauernhaus vergleichen läßt, sein inneres Gefüge hält aber noch voll am überlieferten und bewährten Grundrißschema des hier in unserer Region seit Jahrhunderten gebauten Haustyps fest.

Haus- und Besitzergeschichte

Der 48jährige Bauer Johann Michael Härterich reichte 1886 einen Bauplan zur Erstellung eines neuen Wohnhauses ein. Sein altes, direkt neben dem Neubau stehendes Wohnhaus, mit deutlich kleineren Ausmaßen ließ er nach der Fertigstellung des neuen abreißen. Dieser Johann Härterich (oder auch Herterich geschrieben) muß ein baulustiger Bauer gewesen sein, schon 12 Jahre zuvor, 1874, errichtete er eine große Stallscheune mit 23 m Länge. Das zweigeschossige Sandsteingebäude ist von der Fassade her streng symmetrisch gegliedert. In der Mitte der Längswand führt das mit einem Giebel geschmückte Eingangsportal in den Querflur, auf dessen rechter Seite Pferde- und Schweinestall, links Knechtskammer, Schafstall und Waschküche angelegt sind. Vom Flur aus gelangt man über die zweiläufige Treppe ins Oberge-

Das neuerbaute Haus in einer Aufnahme um die Jahrhundertwende, als noch alle drei Erdgeschoßtüren gebraucht wurden

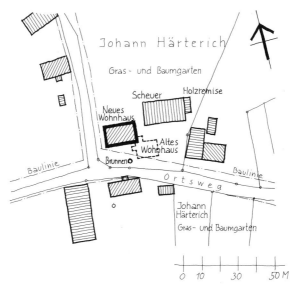

Lageplan, gezeichnet nach dem Baugesuch von 1886

63

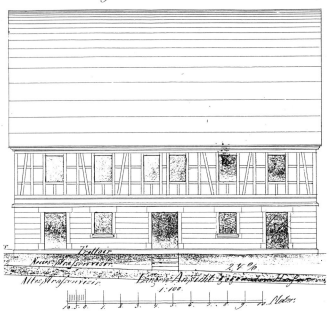

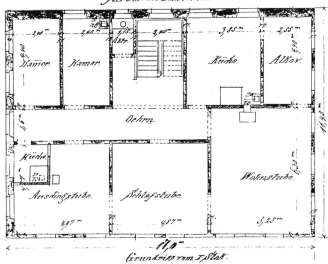

Zwei Zeichnungen aus den Bauakten von 1886: oben die Ansicht mit dem Wohnstock in Fachwerk, unten der Grundriß des Obergeschosses

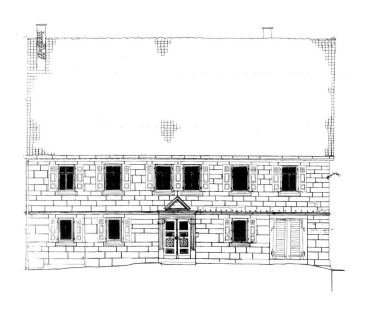

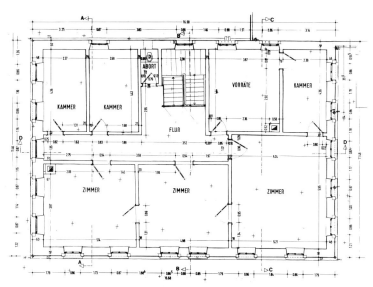

*Aus der Bauaufnahme (Originale im Maßstab 1:25): oben Straßenansicht,
unten Grundriß Obergeschoß*

Bevor es fließendes Wasser gab, war das „Lavoir" eine übliche Ausstattung in den Schlafkammern

schoß mit der Wohnung, die prizipiell noch immer den ähnlichen Zuschnitt hat wie die Häuser hundert oder zweihundert Jahre zuvor. Geändert hat sich gegenüber den ältern Häusern von der Anordnung und Aufteilung wenig – der Kuhstall ist von vornherein in der Stallscheune untergebracht –, umso mehr wird an der Fassade die neue Zeit deutlich. Sie wird „modisch" mit den damals geschätzten Anklängen an den Klassizismus gestaltet. Wären nicht die (ursprünglich zwei) Stalltüren, man könnte meinen, ein

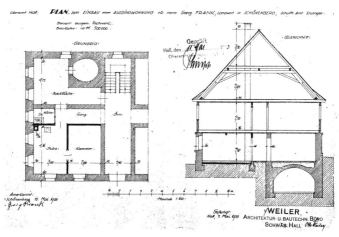

Umbauplan von 1923

städtisches Wohngebäude mit den strengen Fensterachsen und zurückhaltenden Architekturdetails habe sich aufs Dorf verirrt. Johann Härterich, Vater von drei Kindern, die alle recht jung sterben, verkauft sein Anwesen 1898 an den Bauern Michael Herterich aus Geislingen. Dieser nichtverwandte Michael Herterich vergrößert den Stall in der Scheune und verändert vermutlich daher auch schon den linken Stallraum zu einem Wohnraum. In der Fassade wird die linke äußere Stalltür zu einem Fenster. 1908 läßt er, gerade 54jährig, das Anwesen auf seine beiden Kinder Michael und Karoline umschreiben. Nach der Heirat Karolines 1916 mit Georg Frank bleibt es in dem Besitz dieser Familie bis zum Abbau 1984. Größere Bauvorhaben sind durch Bauakten für 1925 belegt, als die Knechtskammer und der daneben liegende ehemalige Schafstall zu einer Ausdingwohnung umgebaut werden. Später müssen in diesem Bereich weitere Änderungen durchgeführt worden sein, der Bauzustand 1983 unterscheidet sich hier stark von dem ursprünglichen Baueingabeplan.

Zur Einrichtung

Beim Wiederaufbau wurde der Grundriß nach dem Bauplan von 1886, der sich noch in Bauspuren ablesen ließ, wiederhergestellt. Die vor dem Abbau durchgeführte Farbuntersuchung der Wohnräume ermöglichte auch deren zeittypische farbliche Rekonstruktion. Erstaunlich ist dabei, daß die große Wohnstube farblich immer recht schlicht gestaltet war, wohingegen die Schlafkammer mit üppigem Schablonenwerk aus der Zeit um 1910 bis 1925 ausgestattet wurde. Aber auch in den anderen Räumen konnten qualitätvolle, wenn auch nicht so aufwendige Schablonenmalereien festgestellt werden.

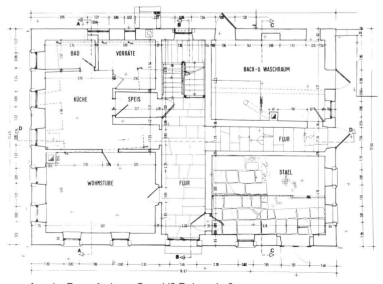

Aus der Bauaufnahme: Grundriß Erdgeschoß

Die Wohnstube der Altbauern ist mit reichen Schablonenmalereien verse-hen

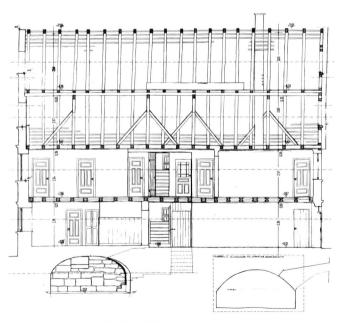

Längsschnitt mit den beiden Kellern

Da diese gestalterisch interessanten Farbfassungen im Zeitraum um 1920 entstanden sind, wurde versucht, die Räume dem damaligen Geschmack entsprechend zu möblieren. Waren damals die Wände zwar recht auffällig gemustert, so hielten sich die Möbel farblich zurück. In dieser Zeit und auch schon vielerorts davor wanderten die bunten „Bauernschränke" auf die Bühne. Jetzt herrschten dunkle, maseriert gestrichene oder sogar teuer furnierte Möbel vor. In der Stube läßt eine bäuerliche Ausstattung von 1920 (Stiftung Familie Thier, Gottwollshausen) die Atmosphäre damaligen Wohnens mit Gläserschrank und Anrichte nachempfinden, im Schlafzimmer stehen die von den letzten Besitzern des Hauses übernommenen Betten und das obligatorische Waschlavoir.

Gebäudedaten:

Länge × Breite: 17 m × 11,45 m
Abbau: 1984, zerlegt in Einzelteile
Bauaufnahme verformungsgerecht im Maßstab 1:25: Günter Mann, Schorndorf
Farb- und Putzuntersuchung: Ernst Stock, Schwäbisch Hall
Wiederaufbau: 1984/85, eröffnet seit 1986
Zeitstellung des Gebäudes außen wie innen: um 1920

Literatur:

Mitteilungen des Hohenloher Freilandmuseums Nr. 6, 1985 mit folgenden Aufsätzen:
Heinrich Mehl, Das Haus Härterich und seine Bedeutung für das Freilandmuseum
Günter Mann, Das Haus Härterich als Baudenkmal der Gründerzeit
Ernst Stock, Putz- und Farbuntersuchung im Haus Härterich in Schönenberg
Wilhelm Kraft, Zur Translozierung des Hauses Härterich von Schönenberg nach Wackershofen

Das Haus, wie es sich in Schönenberg 1982 präsentierte

4b Stall-Scheune mit Göpelhaus aus Bühlerzimmern, Gemeinde Braunsbach, Kreis Schwäbisch Hall

Vor Ort besaß das Wohn-Stall-Haus aus Schönenberg eine etwas zurückgesetzte ältere Scheuer. Im Museum hat es eine große Stall-Scheune, die Scheune Rath aus Bühlerzimmern, erhalten, die zur Dorfstraße hin mit dem Wohnhaus und der Schmiedewerkstatt einen offenen Dreiseithof bilden soll. Fünf Jahre jünger als das im Museum dazugehörige Wohnhaus – sie wurde 1892 neu erbaut –, bildet sie mit ihm zusammen ein zeitgleiches Hofensemble, den Bauernhof um 1900.

Zum Gebäude

Die große Stall-Scheune aus Bühlerzimmern hat bemerkenswerte Dimensionen, sie stellt mit ihrer Länge von 37 m die obere Größe von ländlichen Scheunen dar. Hinzu kommt ein querangefügtes Göpelhaus, das das schon üppige Volumen noch erheblich vergrößert. Durch Bauinschriften und den Bauplan ist ihr Baudatum genau festgelegt: 1892 ließ sich der Bühlerzimmerner „Gutsbesitzer" Georg Dietrich seinem Wohnhaus gegenüber auf der anderen Straßenseite die Scheune bauen. Werkmeister, also der Architekt im heutigen Sinne, war der Haller Oberamtsbaumeister Berner. Bei diesem Gebäude kann das erste Mal die Verbindung von Stadt- und Landarchitektur nachvollzogen werden, Baumeister Berner hat nicht nur landwirtschaftliche Gebäude und Wohnhäuser geplant, von ihm stammt z. B. auch der Entwurf zum 1898 in Hall neu errichteten, repräsentativen Brenzhaus. Das auffallende Kuriosum, daß sein Baueingabeplan die Scheune spiegelverkehrt darstellt, wird schnell enträtselt, wenn man weiß, daß Berner mehrere derartige Scheunen in gleicher Ausführung und Größe im Haller Umkreis geplant hat. So wird er aus Vereinfachungsgründen eine schon vorhandene ähnliche Zeichnung verwendet haben.

Gegenüber dem Wohnhaus stand in Bühlerzimmern die mächtige Scheune

Im Bauplan von 1892 ist die Scheune spiegelverkehrt dargestellt

71

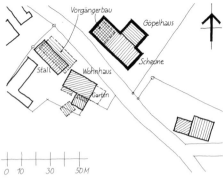

Der Lageplan von 1938 zeigt, daß die Scheune auch schon einen Vorgängerbau besaß

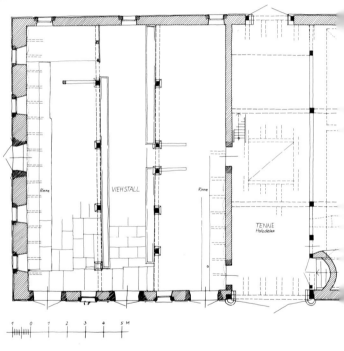

Die sechszonige Scheune ist in klassischer handwerklicher Manier qualitätvoll erbaut, die Hölzer sind in alter Tradition gebeilt, die Sandsteine ordentlich behauen, das Dach in der seit alters her bekannten Art der liegenden Stühle mit Kehlbalken aufgerichtet, der Keller mit zugerichteten Hausteinen eingewölbt. Nur im Stallbereich zeigen sich technische Innovationen: Die Stalldecke ist als damals modernes „Preußisches Kappengewölbe" ausgeführt und die freispannende Dachkonstruktion über der massiven Stalldecke kann schon als ingenieurmäßiger neuzeitlicher Holzbau bezeichnet werden im Gegensatz zum sonstigen traditionellen Holzgefüge.

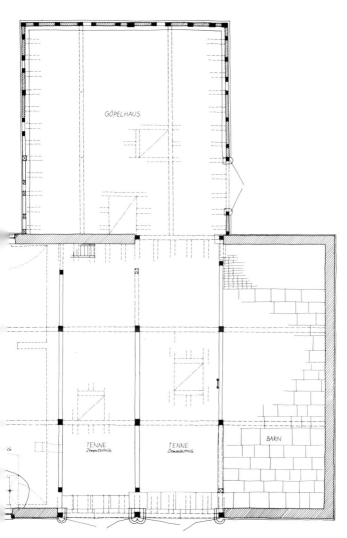

Der Grundriß zeigt die riesige Ausdehnung mit dem doppelten Stall, drei Tennen, zwei Barn und dem Göpelhaus

Steht man auf der Hofseite, so liegt links der große Viehstall, im Originalplan als „Doppelstall" bezeichnet, da sich, getrennt durch den Futtergang, zwei Reihen der Rinder gegenüberstehen. In dem großen Raum fanden 20 Kühe Platz, für die damaligen Verhältnisse schon eine große Anzahl. Getrennt von einer Tenne mit Dielenbelag, folgt nach rechts der „Heubarn", darunter der gewölbte Keller. Danach schließen zwei Tennen an, wovon die rechte in voller Breite in das Göpelhaus geöffnet ist. Das Gebäude endet auf der rechten Seite mit dem „Fruchtbarn", der einen Steinplattenboden erhalten hat. Nur über den Tennen ist ein Boden eingezogen, in den Barn konnte ohne Zwischendecke bis zur

73

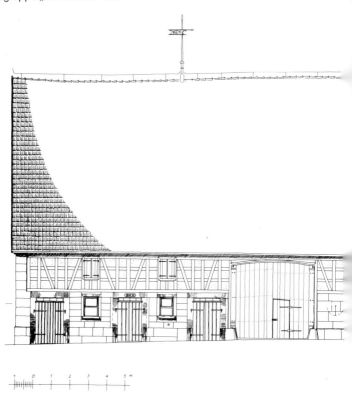

Die Längsansicht (oben) läßt deutlich den Scheunencharakter spüren, die Giebelseite (unten) zeigt dagegen Anklänge an neoklassizistische Architektur

oberen Bühne gestapelt werden. Gedeckt ist das große Dach mit den damals modernen „Doppelmuldenfalzziegeln", der Göpelbau mit einer einfachen Biberschwanzdeckung. Gegenüber der Scheune bei Pfarrer Mayer oder der Langensaller vom Anfang des 19. Jahrhundets hat sich eigentlich bis auf das Göpelhaus keine funktionale Veränderung ergeben. Stall, Tennen und Barn zeigen die gleiche Anordnung und Nutzung. Nur die Größe hat sich gewaltig gesteigert und als Arbeitshilfe für den Bauern wurde der tierbetriebene Göpel, der „Hafermotor", zum Antrieb von Dreschmaschine, Futterschneider und Schrotmühle eingebaut. Erst später, zu Beginn des 20. Jahrhunderts mit der Stromversorgung, kamen der Heuaufzug und andere kleine Maschinen zum Einsatz. Die ganze Scheune war ursprünglich farbig behandelt, die Fachwerkbalken besaßen einen ockergelben Anstrich, ebenso die großen Tore. Die Fenster des Stalles selber waren weiß gehalten, die Fensterläden und die Lüftungsgitter waren in einem kräftigen grünen Ton angestrichen. Sogar die Putzfelder im Fachwerkbereich waren in eierschalfarbenem Anstrich leicht abgetönt.

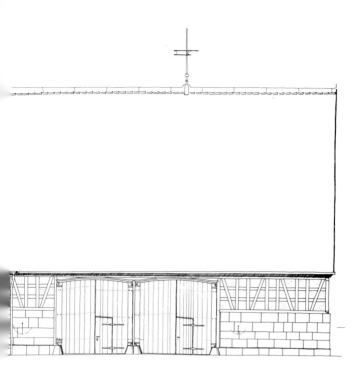

Die Scheune im Museum

In Bühlerzimmern war der große Bau durch die mangelnde Pflege schon leicht baufällig. Besonders im Bereich des Göpelraumes zeigte der Verfall schon deutliche Spuren. Verrostete Stahlträger in der Stalldecke waren schon vor Jahren durch Holzbalken ersetzt worden. Daher mußten beim Wiederaufbau des gerade einhundert Jahre alten Gebäudes einige Bereiche rekonstruiert und erneuert werden.

Die Größe der Scheune und ihre Lage in der Mitte der Baugruppe „Hohenloher Dorf" legten nahe, das Gebäude als Ausstellungs- und Dokumentationszentrum des Hohenloher Freilandmuseums zu verwenden. Dem kam auch entgegen, daß der Stallboden in großen Bereichen vor Ort zerstört war und daß die kräftige Holzkonstruktion durchaus in der Lage ist, in den Bühnen viel Last aufzunehmnen. Um im Museum wenigstens einen Raum zu besitzen, der den klimatischen Anforderungen an museale Ausstellungsbereiche gerecht wird, erhielt der Stall eine Temperierung und dient seither als Raum für Wechselausstellungen. Trotzdem wurde seine Eigenart mit den von den Tieren angenagten Stützen und mit der nach Befund graublau gestrichenen Decke erhalten. Um wei-

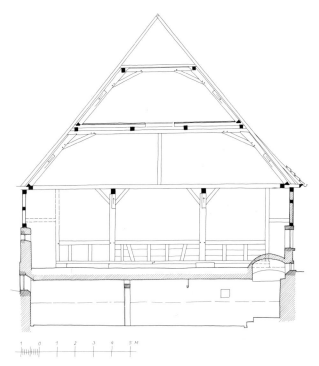

Querschnitt durch den mittleren Barn mit dem darunterliegenden großen gewölbten Keller

Der Göpel konnte wieder rekonstruiert werden mit dem Rundlauf und der Maschinenbühne

tere Flächen im Obergeschoß zu gewinnen, wurden zusätzliche Deckenbalken eingezogen, die sich durch ihr neues, unbehandeltes Holz und durch den modernen Sägeschnitt deutlich von den Originalhölzern abheben. In diesem Sinn sind auch die neuen Treppen, die dem Publikumsverkehr dienen, besonders gestaltet, um nicht mit alten, einfachen Stiegen verwechselt werden zu können.

Das Göpelhaus hat wieder einen richtigen Göpel erhalten. Seine Lage konnte aufgrund des vor Ort gefundenen zentnerschweren Fundamentsteines genau geortet, die freihängende Maschinenbühne nach Befund und Bauplan sicher rekonstruiert werden. Der Säulengöpel, repariert und gangbar gemacht, stammt aus Ettenhausen bei Bartenstein, der radial angelegte Dielenbelag für den Rundlauf wurde aufgrund mündlicher Hinweise eingebracht. Möglich waren hier früher entweder ein Lehmestrich oder ein Pflaster in Kreisform.

Gebäudedaten:

Länge × Breite: 37,40 m × 14,95 m, mit Göpelhaus 22,30 m
Abbau: 1987/88, zerlegt in Einzelteile
Bauaufnahme verformungsgerecht im Maßstab 1:50: B. Kollia-Crowell/R. Crowell, Karlsruhe
Farb- und Putzuntersuchung: Ernst Stock, Schwäbisch Hall
Wiederaufbau: 1988–90, eröffnet Erdgeschoß seit 1991
Zeitstellung des Gebäudes: Erbauungszeit 1892

4c Schmiedewerkstatt aus Großenhub, Gemeinde Fichtenau, Landkreis Schwäbisch Hall

Am Rande der Hofanlage „Bauernhof um 1900" steht ein kleines Werkstattgebäude. Es handelt sich dabei um eine Dorfschmiede vom späten 19. Jahrhundert, die in Großenhub auf dem Gelände des Hofes Hefler stand. Die genaue Bauzeit der kleinen Werkstatt ist nicht bekannt. Aufgrund der Aktenlage muß sie zwischen 1878 und 1883 vom Schmied Karl Ohr aus Wildenstein erbaut worden sein. Da es die einzige Schmiede in der Umgebung war, konnte sich der Schmied über mangelnde Auftragslage nicht beklagen. Im Jahr 1900 übernimmt der Sohn Friedrich die Schmiede, der sie bis 1945 betreibt. Danach stillgelegt, wird sie im Laufe der Zeit ausgeräumt und von den späteren Besitzern der Hofstelle als Pferdestall genutzt.

Der in einfachem, konstruktiven Fachwerk errichtete Bau mit dem rückseitig gemauerten Giebel, an den sich Esse und Rauchabzug lehnen, ist durch ein breites, traufseitiges Tor zugänglich. Über eine Außentreppe unter dem weit vorspringenden Dach gelangt man in den als Holz- und Kohlenlager genutzten Boden.

Im Hohenloher Freilandmuseum dient die Werkstatt aus Großenhub als „Vorführschmiede". Dazu mußte sie mit allen Einrichtungen für einen funktionsfähigen Betrieb versehen werden, die aus verschiedenen Schmiedewerkstätten zusammengestellt sind. Esse und Blasebalg waren früher einmal in Westgartshausen in

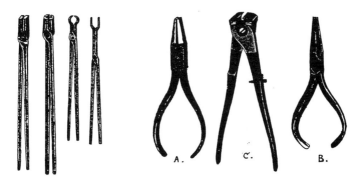

Schmiedezangen aus einem Lehrbuch der Jahrhundertwende

Die verfallene Schmiede in Großenhub

Die Hofsituation vor Ort um 1900

79

Der Museumsschmied bei der Vorführung

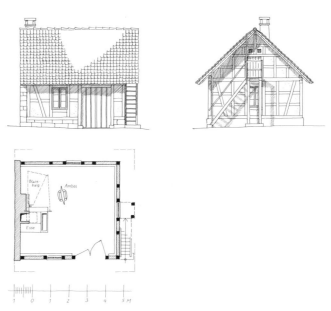

*Die Pläne verdeutlichen die Kleinheit der Werkstatt, oben die Längs-
ansicht, daneben die Giebelansicht mit der Außentreppe, darunter der
Grundriß des einfachen Gebäudes*

der Schmiede Fohrer eingebaut, Amboß und viele Werkzeuge stammen aus der Schmiede Dietrich in Eutendorf, weiteres Gerät aus Feßbach und Tiefenbach.

Da in Großenhub auch Pferde beschlagen wurden, im Innern des kleinen Gebäudes aber kein Platz dafür vorhanden war, wurde im Museum auf dem Vorplatz ein Holzpflaster gesetzt, wie es bei Hufschmieden als Stellplatz für das zu beschlagende Pferd üblich war.

Gebäudedaten:

Länge × Breite: 5,80 m × 5,25 m
Abbau: 1986, zerlegt in Einzelteile
Bauaufnahme im Maßstab 1:50: Hochbauamt der Stadt Schwäbisch Hall, Gerhard Leibl
Wiederaufbau: 1986
Zeitstellung des Gebäudes: um 1880/1900

Ein Blick in den Dachboden, der zuletzt als Gerümpelkammer diente

4d Bienenhaus aus Gelbingen, Stadt Schwäbisch Hall

Von einem Anwesen aus Gelbingen gelangte das Bienenhäus-chen ins Museum. Am alten Standort hinter dem Wohnhaus nicht mehr geduldet, sollte es abgebrochen werden. In einem Stück wurde das kleine Häuschen nach Wackershofen verfrachtet.

Im verbretterten Fachwerkgebäude sind die meisten der origina-len, farbigen Bienenkästen erhalten, ebenso das alte Mobiliar und Gerät.

Dieses Bienenhaus dient zur Dokumentation der Imkerei in einem Hof aus der Zeit um 1900. Ein funktionierender Bienenstand wird im Laufe der nächsten Zeit am Rande des Museumsgeländes ein-richtet werden. Hier sollen dann eigene Bienenvölker gehalten werden.

Gebäudedaten:

Länge × Breite: 4,20 m × 2,90 m
Abbau: 1986 in einem Stück
Wiederaufbau: 1986
Zeitstellung des Gebäudes: um 1920

In Gelbingen wurde das Bienenhaus allmählich von Neubauten einge-kreist

Im Museum soll eines Tages die Bienenhaltung in den beiden Bienenhäu-sern aus Lauchheim dargestellt werden. Sie sind momentan auf der Baumwiese hinter dem Weidnerhof zwischengelagert, später sollen sie an den Waldrand im Bereich der Baugruppe „Waldberge" versetzt werden

5a Wohnhaus mit Werkstätten und
5b Hintergebäude aus Oberrot,
Landkreis Schwäbisch Hall

In dem zweistöckigen Haus aus Oberrot, eigentlich ein Doppelhaus, lebten und arbeiteten über beinahe zwei Jahrhunderte viele Handwerkerfamilien. Seit mehr als hundert Jahren waren es Schmied und Wagner, zwei ländliche Handwerkszweige, die sich in ihrer Arbeit ergänzten. Im Freilandmuseum dokumentieren die Häuser die enge Verflechtung von Arbeit und Wohnen, von Handwerk und Landwirtschaft sowie die Spezialisierung der ländlichen Handwerker in der dörflichen Gemeinschaft. Die beiden Werkstätten liegen direkt unter den Wohnräumen, beide Handwerker besitzen keine gesonderten Werkstattgebäude.

Haus- und Besitzergeschichte

Das heutige Doppelhaus zeichnet sich durch keine baulichen Besonderheiten aus, zwei einfache Türinschriften weisen auf wesentliche Baudaten hin. Über der linken Tür, dem heutigen Zugang zur Schmiede, ist die Jahreszahl „1766" eingemeißelt, das Baujahr des Hauses. Es zeigte damals allerdings einen gänzlich anderen Grundrißzuschnitt als heute im Museum: Im Obergeschoß lag die Wohnung des Erbauers. Es wurde damals in der klassischen Manier des gestelzten Wohn-Stall-Hauses für eine Familie eingerichtet. Außen im Obergeschoß war es rundherum

84

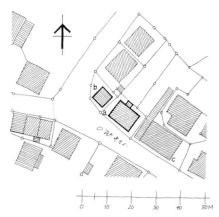

*Lageplanausschnitt aus dem Katasterplan von Oberrot, 1831. a = Wohn-
haus, b = Scheune, c = Gastwirtschaft „Hirsch"*

fachwerksichtig angelegt, so wie sich heute noch die Giebelseite
auf der Wagnerseite zeigt. Der Erbauer war der Maurer Johannes
Michael Laubmann, dessen Initialien „IML" sich neben der Jahreszahl „1766" im Türsturz finden.
Schon der nächste Besitzer trennt eine Haushälfte sowie die dazugehörige Scheuer ab und verkauft sie 1794 an seinen Schwa-
ger. Die linke Haushälfte erwirbt 1835 der Schmied Georg Kolb
aus Sittenhardt. Er baut im Erdgeschoß seine Werkstatt ein. Kolb
hielt dabei Platz für einen kleinen Stall frei. Für die Bedienung des
Backofens, der von allen Hausbewohnern genutzt wurde, sparte
man einen kleinen Vorraum aus.

*Der Ortsweg Nr. 1 in Oberrot in einem Foto von ca. 1925 mit dem Hand-
werkerhaus auf der linken Bildseite*

85

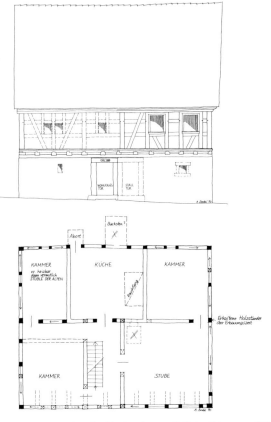

Rekonstruktion des Zustandes zur Zeit der Erbauung 1766, oben Traufan-sicht, unten Grundriß Obergeschoß mit der Wohnung

Nachdem Kolb in wirtschaftliche Schwierigkeiten geraten war – bei den damals sieben konkurrierenden Schmieden in Oberrot nicht allzu verwunderlich – ersteigerte diesen Hausteil 1846 erneut ein Schmied aus dem Hällischen, Jacob Hofmann aus Westheim. Erst vierzig Jahre später übergibt er Haus und Werkstatt an seinen Sohn Johann Friedrich. Um nach der Übergabe an seinen Sohn für sich und seine Frau Wohnraum im engen Haus schaffen zu können, stockte er 1885 seinen Hausteil mit einem Querbau auf. Die junge Familie zieht in die beim Hausumbau modernisierte Wohnung oberhalb der Schmiede ein (Stube, abgetrennt durch eine Bretterwand eine Schlafkammer, Flur und Küche). Die beiden Alten leben im Dachgeschoß mit dem ausgebauten Querbau. Zusätzlich haben noch unverheiratete Geschwister des jungen Schmiedes im Haus ein Wohnrecht.

Auch die rechte Haushälfte erlebt in dieser Phase einen häufigen Besitzerwechsel. Vier neue Hauseigentümer wechseln sich in diesem Hausteil ab, bis ihn 1859 dann erstmals ein Wagner erwirbt. Der neue Besitzer, Georg Friedrich Haas aus Mainhardt, richtet

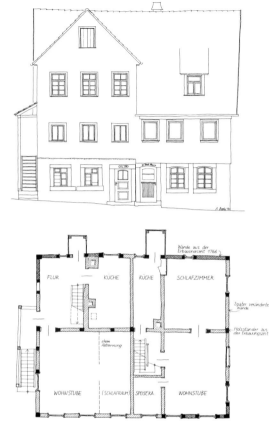

Der Zustand des Hauses zur Zeit der Bauaufnahme 1987: oben die An-
sicht der Straßenseite (Darstellung ohne Fensterläden), in der Mitte der
Grundriß des Obergeschosses (die vom Ursprungsbau her erhaltenen
Bauteile sind gekennzeichnet), unten der Grundriß Erdgeschoß

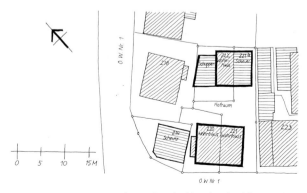

Lageplan der Handwerkerhäuser 1958

Das Hintergebäude, die ehemalige Scheune von 1872, in das 1881 eine Wohnung eingebaut wurde

sich wie beim Nachbarn seine Werkstatt im Erdgeschoß ein. Im Laufe seiner Tätigkeit in Oberrot erwirbt er zu dem anfangs grundbesitzlosen Anwesen 90 ar Äcker und Wiesen hinzu. Als er 1867 seine Wagnerei an seinen Sohn Johann Friedrich Haas verkauft, besitzen die Eltern Haas eine Kuh und ein Rind.

Unter Johann Friedrich Haas entsteht eine rege Bautätigkeit: für die größer werdende Landwirtschaft des Wagners wird im Hof hinter dem Doppelhaus 1872 eine neue kleine Stall-Scheune gebaut und, wie die Türinschrift im Wagnerhausteil aussagt, das Wohnhaus 1874 umgebaut und renoviert. Aber schon 1881 verkauft er sein Anwesen zum großen Teil an den Wagnermeister Johann Braun. Nur den rechten Teil der neu gebauten Scheune, den Stall mit dem Stallboden darüber, behält Haas selber. Er baut diesen Bereich um in eine kleine Wohnung für sich und seine Frau. Später wohnte im Hinterhaus in den drei Räumen ein Zimmermann mit seiner Familie. Er soll hier zusammen mit zehn Kindern und seinen Eltern gelebt haben.

Zur Jahrhundertwende gehört die Schmiede Johann Hofmann, die Wagnerei seit 1895 Karl Lippoth, einem aus Cleebronn zugezogenen Wagnermeister. Bis zum Abbau des Hauses bleibt es im Besitz dieser Familien. Von den sieben Kindern Hofmanns haben keine Söhne überlebt. So heiratet seine Tochter 1919 den Gottwollshäuser Schmied Adolf Wieland und übernimmt den elterlichen Besitz. Zur Schmiede hat immer die kleine, parallel zum Haus an der Straße stehende Scheuer gehört. Sie wird 1958 zur

88

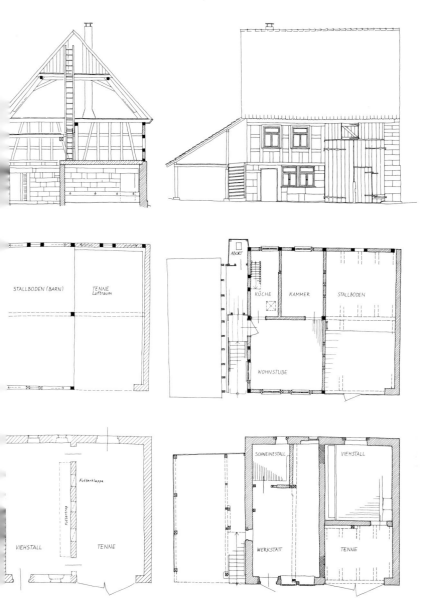

Die Zeichnungen des Hinterhauses zeigen die Entwicklung von einer Scheune zu einem Wohn-Stall-Scheunen-Haus auf: oben Querschnitt durch die Tenne und Traufansicht zur Zeit des Abbaus 1987, darunter die Grundrisse des Obergeschosses (links Rekonstruktion als Scheune, rechts Zustand 1987) und unten die Grundrisse des Erdgeschosses, ebenfalls links Rekonstruktion und Letztzustand

Die Wagnerwerkstatt im Museum, eingerichtet nach Befragungen und Befunderhebungen

damals modernen Schmiede- und Schlosserwerkstatt ausgebaut. Später wird der Betrieb in einen Neubau am Ortsrand verlegt. Länger als die Schmiede bleibt die Wagnerei in Betrieb. Beide Söhne von Karl Lippoth lernen das Wagnerhandwerk, bis 1980 wird in der Werkstatt gearbeitet und bis 1987 das Hinterhaus bewohnt.

Die Werkstätten

Die Schmiedewerkstatt, um 1835 eingebaut, hat von ihrer Größe und Anordnung her bis nach dem 2. Weltkrieg den Bedürfnissen des Dorfes Oberrot genügt. Bis zuletzt war der handbetätigte Blasebalg in Betrieb, unterstützt seit den Dreißiger Jahren von einem elektrischen Ventilator, lange Zeit das einzige elektrische Gerät in der Schmiedewerkstatt. Erst nach 1945 wird eine elektrische Bohrmaschine angeschafft, die alte handbetriebene aber nicht aus der Werkstatt verbannt, sondern nach Möglichkeit weiter verwendet. Esse und Amboß haben in diesen Jahrzehnten keine Veränderung erfahren.

Ganz anders ging es beim Nachbarn, dem Wagner zu. Zwar wissen wir nicht, wie die Werkstatt des ersten Wagners, Georg Friedrich Haas, ausgesehen hat, die Werkstatteinrichtung um 1930 können wir aber durch Befragung der Nachfahren und durch die Spurensicherung vor Ort nachvollziehen. Sie war wesentlich mechanisierter als die des Schmiedes. Zur Standardausrüstung gehörte die Drehbank, eine Bandsäge, eine Hobelmaschine und eine Bohrmaschine. Sie wurden von einem einzigen Elektromotor über Transmissionswellen und Riemen angetrieben. Über diese Antriebstechnik wird eine automatische Schärfeeinrichtung für die Bandsägeblätter mitbetrieben. Bevor es in Oberrot 1918 elektrischen Strom gab, ist für die Wagnerei in den Akten ein Petroleum-Motor als Antriebsquelle aufgeführt.

Beide Werkstätten sind zwischen den beiden Weltkriegen voll in Betrieb. Für die Männer bleibt da nicht viel Zeit für die kleine, aber lebensnotwendige Landwirtschaft. Die Hauptlast müssen hier die Frauen tragen. Der Arbeitstag dauerte in der Werkstatt meist von fünf oder sieben Uhr morgens bis sieben oder acht Uhr abends. Es wurden Pflüge und Eggen hergestellt und zusammen mit der Wagnerei Lippoth ganze Wagen. Jedoch liegt der Schwerpunkt der Schmiedearbeit schon damals auf der Reparatur landwirtschaftlicher Geräte und Werkzeuge.

In der Wagnerei wurden für den örtlichen Bedarf Leiterwagen, Schubkarren, Schlitten, Gabeln, Sensen, Räder, Leitern und Streben für Treppengeländer gebaut sowie manch kleinere Sachen aus Holz für den Haushalt. Für die Oberroter Sägewerke wird der „Sabbi" produziert, ein langer Stiel mit einem krummen Eisenteil an der Spitze zum Heranziehen und Bewegen von Holzstämmen.

Die beiden direkt nebeneinander liegenden Werkstätten arbeiten also eng miteinander, so daß sich in den Dreißiger Jahren die Schmiede „Hufbeschlag und Wagenbau" nennen kann. Wagner und Schmied können durch dieses Doppelhaus auch im Museum in ihrer gegenseitigen Abhängigkeit dokumentiert werden.

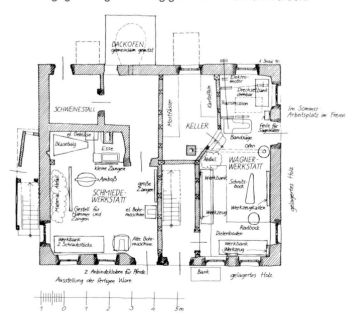

Grundriß des Erdgeschosses mit der Einrichtung der beiden Werkstätten um 1935 bis 1950

Die Wohnung des Wagners konnte im Museum mit einer kompletten Einrichtung aus dem Jahr 1927 originalgetreu ausgestattet werden, hier ein Blick in die Schlafstube

Zur Einrichtung

Als die Häuser dem Museum angeboten wurden, waren sie leergeräumt. Keine der beiden Werkstätten besaß noch wichtiges Inventar. Trotzdem gelang es, sowohl die beiden Werkstätten als auch eine der beiden Wohnungen in den Zustand der Dreißiger bis Fünfziger Jahre unseres Jahrhunderts zurückzuversetzen, in eine Zeit, als in beiden Häusern noch emsig geschafft wurde. Für die Wagnerwohnung konnte eine komplette Einrichtung eines Handwerkerhaushaltes aus Eutendorf erworben werden. Dieser Hausstand wurde 1927 gegründet und nur mit wenigen Veränderungen und Neuerungen, wie z. B. dem Radio, 1989 aufgelöst und dem Museum angeboten. An der Ausstattung wurde nichts verändert; Deckchen, Sofas, Kugelschreiber oder Wandschmuck sind keine erfundenen Details, sondern originalgetreue Stücke aus dem Eutendorfer Haushalt. Sie wurde nur an den andersgearteten räumlichen Zuschnitt des Oberroter Hauses angepaßt. Entsprechend der Zeitstellung der Einrichtung wurde auch die Wanddekoration gewählt. Sie ist in beiden Häusern streng nach Befund ausgeführt und zeigt die in den Dreißiger Jahren typischen Schablonenmuster mit der gemusterten Abschlußkante an den Wänden. Ebenfalls originalgetreu wurde die karge Elektroausstattung rekonstruiert.

Um eine künstlich wirkende Wiederholung dieser lebendigen Ausstattung zu vermeiden, wurde auf eine Einrichtung in der Schmiedewohnung verzichtet. Hier ist eine kleine Dokumentation zur Hausgeschichte und zum ländlichen Handwerk in unserer Region aufgebaut.

Gebäudedaten:

Länge × Breite (Vorderhaus): 10,60 m × 8,50 m
(Hinterhaus): 8,90 m × 8,10 m
Bauaufnahme verformungsgetreu im Maßstab 1:25: Göbel und Reinicke, Neumarkt-St. Veit
Farb- und Putzuntersuchung: Ernst Stock, Schwäbisch Hall
Wiederaufbau: 1988–90, eröffnet seit Mai 1990
Zeitstellung des Gebäudes außen und innen: Um 1930 bis 1950

Literatur:

Mitteilungen des Hohenloher Freilandmuseums Nr. 9, 1988, mit folgenden Aufsätzen:
Heinrich Mehl, Die Handwerkerhäuser in Oberrot
Ernst Stock, Aus der restauratorischen Untersuchung an den Handwerkerhäusern Oberrot
Inge Frank, Aus den Bauakten der Handwerkerhäuser Oberrot
Besitzer der Handwerkerhäuser Oberrot

Albrecht Bedal, Schmied und Wagner unter einem Dach, in: Feuer und Eisen, Ausstellungskatalog Bad Windsheim 1990

Ein geschmückter Festwagen der Schmiede und Wagner in einer alten Aufnahme von ca. 1935 vor dem Handwerkerhaus

6a Armenhaus aus Hößlinsülz, Gemeinde Löwenstein, Kreis Heilbronn

Die in Akten und Plänen als „Armenhaus" bezeichneten Gebäude waren kommunale Einrichtungen. Die Gemeinden stellten den Ärmsten der Armen, ähnlich wie heute Obdachlosen, ein Haus zur Verfügung, das auf Kosten der Gemeinde gebaut und unterhalten wurde. In „fast allen Orten des Bezirks" findet man „eigene Armenhäuser, welche jedoch großteils mit den Hirtenhäusern unter einem Dach stehen". So formuliert es die Oberamtsbeschreibung Hall 1847. Diese Armen- oder Hirtenhäuser folgten nicht einem einheitlichen Bauschema. Eine solche soziale Einrichtung konnte auf einem geeigneten Bauplatz neu errichtet werden oder ein vorhandenes, gemeindeeigenes Gebäude wurde umfunktioniert.

Das Hößlinsülzer Armenhaus, das schließlich ins Hohenloher Freilandmuseum wanderte, unterscheidet sich vom Grundriß und von seiner Größe her nicht oder kaum von den privaten Wohnhäusern der unteren sozialen Schichten. Man kann es als „Taschenausgabe" der eingeschossigen Bauernhäuser in unserer Region bezeichnen: der mittig liegende Eingang mit Treppe ins Obergeschoß teilt das Haus in zwei Hälften, rechts sind die Wohnstube und eine Schlafkammer, hinter dem Flur die Küche mit Abtritt und auf der linken Seite zwei Kammern angeordnet. Es hat sich im Einzugsgebiet des Freilandmuseums kein besonderer Bautyp als Armenhaus herausgebildet. Man vertraute auch hier dem klassischen, bewährten Grundrißschema.

Baugeschichte

Durch die bei kommunalen Bauten im Regelfall gut belegte Baugeschichte konnte die Entwicklung des Hößlinsülzer Armenhaus bis zum Jahr der Erbauung zurückverfolgt werden. Demnach hat die Gemeinde 1744 ein älteres Haus im Nachbarort Willsbach aufgekauft und in Hößlinsülz als Hirtenhaus wieder aufgebaut. Dieser aus den Akten zu entnehmenden „ersten Translozierung" wider-

Das Armenhaus kurz vor dem Abbau

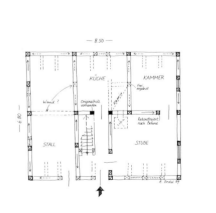

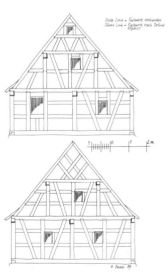

Rekonstruktionszeichnungen vom Erbauungszustand 1744, Ansicht der beiden Giebel und Grundriß des Erdgeschosses

spricht der Baubefund: Der Rückgiebel ist eindeutig 1744 aus dafür frisch geschlagenem Holz extra für dieses Haus abgebunden. Alle anderen Hölzer, ob neu oder gebraucht, sind für dieses Haus zugerichtet worden. Es wird sich hier also so, wie an vielen anderen Orten auch, zugetragen haben: um Geld zu sparen, wurden alte Hölzer aus einem Abbruchhaus übernommen und für das neue Haus entsprechend bearbeitet und wieder eingebaut.

Viele Reparaturarbeiten sind in den Gemeindeakten belegt bis 1832/33 die rückwärtige Erdgeschoßwand, die bis dahin als Fachwerkwand bestand, aus Natursteinen massiv erneuert wurde. 1858/59 wurde dann die straßenseitige Fachwerkwand, um den drohenden Einsturz zu vermeiden, ebenfalls durch eine steinerne Mauer ersetzt. 1901 wird die Dachrinne angebaut und der Abtritt aus der Küche genommen und in dem kleinen Anbau untergebracht. 1912 wird das Armenhaus an die Wasserleitung angeschlossen, erst 1936 erhält es als „HJ-Heim" Stromanschluß. Seit 1984 leerstehend und seit Jahren kaum mehr gepflegt, verfällt das Haus immer mehr. Auf Beschluß der Gemeinde sollte es abgebrochen werden.

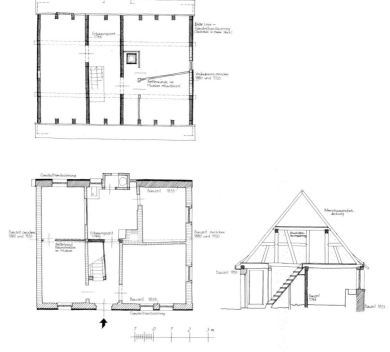

Letzter Zustand vor Ort, in die Grundrisse (oben Dachgeschoß, unten Erdgeschoß) sind auch die Bauphasen eingetragen

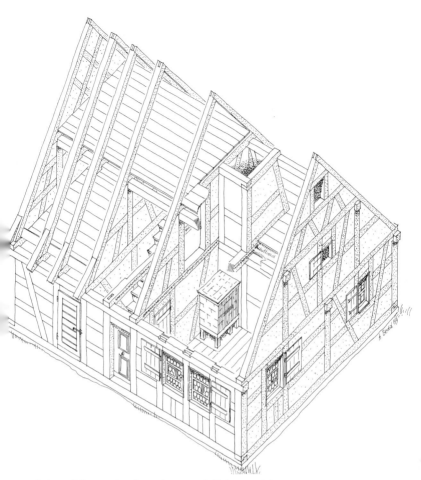

Schauzeichnung des Armenhauses als Rekonstruktionsversuch zur Zeit des Neubaus 1744

Bewohner

Das heute als Armenhaus der Gemeinde bezeichnete Gebäude wurde als „Hirtenhaus" errichtet. Der jeweilige Dorfhirte bewohnte es unentgeldlich. Er mußte dafür „wieder kommende armen Leuthe über Nacht" beherbergen. Ab 1821 wurde es vermietet. Zuerst lebten noch die Hirten darin, allmählich zogen immer mehr Taglöhner mit ihren Familien ein, die anderswo keine Unterkunft finden konnten. Dazu kamen Ledige und Mittellose in das Haus. Um 1890 wohnten in der rechten Stube die Familie Kübler mit 5 Kindern und in der dazugehörigen Stubenkammer der kranke Adam Müller. Die Nebenstube, also die linke Stube, bewohnte die Familie Hofmann mit 2 Kindern. In der kleinen Kammer dahinter lebte die geisteskranke Philippine Knörzer. Die Dachkammern wurden von den Familien mitbenutzt und manchmal untervermietet.

Eng und vollgestellt ist die Schlafkammer neben der Küche, sie dokumentiert die Nachkriegszeit im Armenhaus, als hier Flüchtlingsfamilien wohnten

Ab 1930 war nur noch ein Teil des Armenhauses bewohnt. Von 1936 bis Kriegsende war in der rechten Stube, dem größten Raum des Hauses, das örtliche Hitlerjugendheim untergebracht. Im linken Hausteil wohnte während des Krieges eine russische Frau mit zwei Kindern.

Nach dem Krieg kam wieder neues Leben in das jetzt als „Gemeindehaus" bezeichnete Gebäude. Eine sudetendeutsche Flüchtlingsfamilie belegte das Haus mit 11 Personen von 1946 bis 1954. Danach wollte die Gemeinde das Haus nicht mehr vermieten, weil Küche und Abort kaum noch zu benutzen waren. Eine Familie aus Hößlinsülz erklärte sich bereit, das Häuschen gegen Mieterlaß zu richten; der Gemeinderat hatte nichts dagegen einzuwenden. So wohnte noch einmal ein Ehepaar mit sieben Kindern in dem Haus. Nach dem Tod der Frau 1970 zog die Famlilie allmählich aus, bis als letzter Bewohner der kranke Vater 1984 das Haus verließ.

Zur Einrichtung

Das bei der Übernahme ins Hohenloher Freilandmuseum leerstehende Gebäude ist durch die Versetzungsmethode in ganzen Teilen in der letzten Zustandsphase ins Museum gelangt. Es lag daher auf der Hand, nicht unbedingt ältere Zustände im Inneren zu zeigen, sondern sich hauptsächlich auf die Zeit zwischen 1900 und 1950 zu beschränken, die am Gebäude selbst noch ablesbar ist. So kam man überein, in diesem Haus nicht eine Zeitstellung allein zu dokumentieren, sondern Einrichtungen verschiedener Epochen nebeneinander zu präsentieren. In der linken Haushälfte ist die Situation einer vielköpfigen Taglöhnerfamilie nachempfunden, die hier in der Zeit vor dem 1. Weltkrieg gelebt hat. In der nur durch eine Bretterwand abgeteilten Kammer ist mit sparsamen Mitteln versucht worden, die ärmlichen und primitiven Verhältnisse einer alleinstehenden, kränklichen alten Frau darzustellen. Die Wohnung im rechten Hausteil zeigt die Wohnumstände einer Flüchtlingsfamilie nach dem 2. Weltkrieg mit den zeittypischen Vorhängen und den Rollenmustern an den Wänden. Gebrauchte Möbel sollen dokumentieren, daß die Flüchtlinge auf Spenden für ihre Einrichtung angewiesen waren. Die Wäschestange in der Schlafkammer, die mit dem Haus ins Museum kam, ist ein zweckentfremdeter Dachständer eines Lloyd-Pkw der fünfziger Jahre.

Auch die Dachkammern sind eingerichtet, allerdings wegen der engen, dunklen und damit für die Besucher gefährlichen Verhältnisse nicht zugänglich. Über dem Stubenteil am Vordergiebel ist die Einrichtung der ledigen Rosine Hofmann dargestellt, die hier um 1870 lebte und acht uneheliche Kinder zur Welt brachte. Im daneben aufgebauten Verschlag hauste ihr Bruder. Der Dachboden über dem rückwärtigen Teil soll die erste Zeit des damaligen Hirtenhauses andeuten, als Obdachlose und Bettler hier auf einem einfachen Strohlager Unterschlupf für eine Nacht finden konnten.

Gebäudedaten:

Länge × Breite: 8,50 × 6,90 m
Abbau: Winter 1987/88, Translozierung des Dachstuhles einschließlich der Geschoßdecke und der beiden Längswände in einem Stück, sonst zerlegt in Einzelteile
Bauaufnahme verformungsgetreu: Göbel/Reinecke, Neumarkt-St. Veit, im Maßstab 1:25
Farb- und Putzuntersuchung: Ernst Stock. Schwäbisch Hall
Dendrochronologische Untersuchung: Lohrum/Bleyer, Ettenheimmünster
Wiederaufbau: 1988, Eröffnung am 8. September 1988
Zeitstellung des Gebäudes außen wie innen: um 1950 (mit Ausnahme der linken Kammern).

Literatur:

Armenpflege in Württembergs Vergangenheit – Das Hirten- und Armenhaus in Hößlinsülz, Kataloge und Begleitbücher des Hohenloher Freilandmuseums Nr. 6, Schwäbisch Hall 1989, mit folgenden Aufsätzen zum Haus selber:
Heinrich Mehl, Ein Armenhaus wird ins Museum versetzt
Albrecht Bedal, Das Armenhaus Hößlinsülz als Baudenkmal
Sybille Frenz, Die Baumaßnahmen am Armenhaus 1744–1960
Sybille Frenz, Die Bewohner des Armenhauses Hößlinsülz
Nina Gorgus/Christiane Klinke, Zur Einrichtung des Armenhauses Hößlinsülz im Freilandmuseum.

6b Backofen aus Gschlachtenbretzingen, Gemeinde Michelbach, Landkreis Schwäbisch Hall

Nach der zugänglichen Quellenlage gehörte zum Hößlinsülzer Armenhaus ein freistehendes Backhäuschen. In Hößlinsülz selbst nicht mehr erhalten, entdeckten Mitarbeiter des Museums im Hinterhof ein Gschlachtenbretzinger Anwesens einen allein stehenden Backofen, der ohne Witterungsschutz von außen zu schüren war. Dieser nicht sehr komfortable Backofen, der von 1891 stammen soll, paßt in seiner einfachen Art zum Armenhaus.
Durch seinen speziellen Aufbau – das Mauerwerk mit dem Backofengewölbe steht auf einem hölzernen Schwellenkranz – war es möglich, den Gschlachtenbretzinger Backofen in einem Stück originalerhalten ins Museum zu bringen: Es ist damit der bisher einzige nicht neu aufgemauerte Backofen im Hohenloher Freilandmuseum und wird daher verständlicherweise nicht zum Backken von Brot oder „Plootz" verwendet.

Abtransport des verpackten Backofens mit dem Autokran aus der beengten Hofstelle

Gebäudedaten:

Länge × Breite: 2,70 m × 2,50 m
Abbau: 1988 in einem Stück
Wiederaufbau: 1988
Zeitstellung des Gebäudes: um 1900

6c Taglöhnerhaus aus Hohenstraßen, Gemeinde Mainhardt, Kreis Schwäbisch Hall

Taglöhner standen auf der unteren Sprosse der sozialen Stufenleiter. Als Grundbesitzlose waren sie allein auf ihre Arbeitskraft angewiesen. Sie verdingten sich tagweise als Helfer auf den Höfen und versuchten dem kärglichen Lohn mit Flick- und Reparaturarbeiten aufzubessern, oder sie wanderten als Hausierer über die Dörfer. In Zeiten von Wirtschaftskrisen und Hungersnöten waren sie die ersten, die durch ihre Abhängigkeit von ihrem Arbeitsverdienst in Not gerieten. Der Weg für ganze Familien ins Armenhaus, weil man seine Unterkunft nicht mehr bezahlen konnte, war dann nicht mehr weit. Wenn sich ein Taglöhner ein kleines Häuschen selbst bauen konnte, war er froh, überhaupt ein Baugrundstück erwerben zu können. Landwirtschaftliche Flächen, geschweige denn das dazugehörige Gerät, konnte er sich nur im kleinsten Umfang leisten.

Haus- und Besitzergeschichte

Das vom Museum als „Taglöhnerhaus" bezeichnete kleine Gebäude wurde um 1825 von dem Seldner und „Samenhändler" Friedrich Huber erbaut. Ob es gleich als Wohnhaus für eine Familie oder nur als Ausdinghaus, also als Wohnhaus für die Alten des nebenan liegenden Seldnerhauses gedacht war, geht aus den Akten nicht hervor.

Der einfache Grundriß mit Flur, Küche und Stube (die sicherlich anfänglich durch einen „Verschlooch", einer dünnen Bretterwand, in Höhe des Unterzugs noch einmal getrennt war) läßt eher ein kleines Austraghäuschen vermuten als einen geplanten Neubau für eine vielköpfige Familie. Als Friedrich Huber 1831 starb, hinterließ er seiner Witwe Katharina elf Kinder. Katharina Huber verkaufte das Häuschen mit seinem kleinen Garten und einer

Das Taglöhnerhaus in einer Aufnahme aus den Siebziger Jahren, als es noch bewohnt war

Grundstücksgröße von insgesamt 63 m² 1844 an ihre fünfundzwanzigjährige Tochter Katharine Magdalena und deren Bräutigam Friedrich Rückert. Dabei ist „der Verkäuferin Sitz und Aufenthalt im Hause und in der Stube bei kalt und warm zu gestatten". Ihr wird zur alleinigen Nutzung die kleine Stubenkammer, der heutige hintere Teil der Stube, überlassen. Mit dem Kauf erwerben die

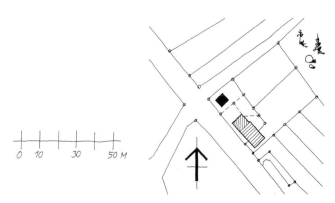

Lageplanausschnitt von Hohenstraßen von 1827

Im Museum ist die Stube nach Inventarakten von 1876 als Wohnung und Schuhmacherwerkstätte eingerichtet

Kinder einige wenige Hausratsgegenstände, 1 Ziege, Heu und den vorhandenen Dung mit. Die Kinder der Witwe hatten freien Zugang ins Haus und bekamen das Recht zugesprochen, wenn sie krank oder arbeitslos waren, im Dachboden zu wohnen. Das jüngste Kind mußte von den Käufern bis zum 14. Lebensjahr versorgt werden.

Über die Wohn- und Lebensverhältnisse der Rückerts ist weniger bekannt. Nach dem Tod der Witwe Katharine Magdalene Rückert 1878 wird deren Besitz versteigert. Ihn erwirbt der Flickschuster Friedrich Scheu aus Hohenstraßen (1852–1912) für 600 Mark einschließlich eines ca. 100 m² großen Gemüsegartens. Das Beibringensinventar der Eheleute Scheu von 1876 listet die wenigen Habseligkeiten der Ehepartner auf: der Ehemann brachte neben wenig Bargeld nur einen Koffer, ein Gesangbuch, Kleider und Handwerkszeug mit. Die Aussteuer der Heinrike Scheu umfaßte Kleider, Bettwäsche, etwas Küchengeschirr, einen Kleiderkasten, eine Kommode, einen Tisch und zwei Stühle, eine Bettlade und einen Schemel.

In diesem kleinen Wohnhaus kamen bis 1895 neun Kinder zur Welt, hinzu sind zwei Kinder zu rechnen, die Heinrike mit in die Ehe brachte. In dieser häuslichen Enge ging der Vater zusätzlich noch seiner Arbeit als Flickschuster nach.

Um diesen beengten Verhältnissen mit seiner vielköpfigen Familie zu entgehen, tauschte Friedrich Scheu das Häuschen gegen ein größeres Objekt ein. Damit kam es 1891 in den Besitz des Affaltracher Handelsmannes Isak Kaufmann, der es 1896 mit dem Garten zusammen an den Hohenstraßener Bürger Friedrich Pfitzenmaier (1854–1932) für 425 Mark verkaufte. Pfitzenmaier war Schirmmacher und fahrender Händler. Er war mit Anna Lämmerer, einer Schuhmacherstochter aus Unterdeufstetten, einem bekannten Hausiererort, verheiratet. Vor dem Hauskauf muß die Familie häufig wegen der Hausierertätigkeit unterwegs gewesen sein. Von den zehn Kindern erblickten drei auf der Durchreise in Gasthäusern das Licht der Welt, zwei starben unterwegs. Ihr

Bei diesem kleinen Haus gelang es dem Hohenloher Freilandmuseum das erste Mal, ein richtiges Gebäude unzerlegt in einem Stück ins Museum zu transportieren

So fanden die Mitarbeiter des Museums die Stube vor, als sie das Haus entdeckten

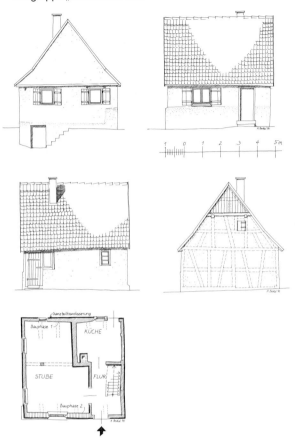

Maßstäbliche Zeichnungen des Taglöhnerhäuschens vom Zustand im Museum, oben Ansichten, unten Grundriß

jüngsten Kind, ebenfalls Friedrich genannt, im Ort „Fritzle" gerufen, erbte das Haus nach dem Tod des Vaters. Fritz Pfitzenmaier (1896–1981) ernährte sich mehr schlecht als recht als Gelegenheitskorbflechter und übernahm Flick- und Reparaturarbeiten im Ort. Wegen seines Buckels und seiner Wesensart galt er bei den Nachbarn als Sonderling. Er blieb Junggeselle und lebte, nachdem seine Geschwister schon früh ausgezogen waren, bis an sein Lebensende allein in dem kleinen Häuschen. Immerhin hatte das Haus in den zwanziger Jahren elektrischen Strom erhalten, in der Gebäudeschätzung von 1930 werden zwei elektrische Glühlampen samt Leitung und Sicherung aufgeführt.

Das Taglöhnerhaus im Museum

Bei dem kleinen Gebäude mit einer Länge von 5,70 m und einer Breite von 5,40 m konnte das erste Mal der Versuch unternommen werden, ein ganzes Wohnhaus in einem Stück unzerlegt ins

Der letzte Bewohner,
Fritz Pfitzenmaier

Museum zu transportieren. Der Erfolg ist den daran beteiligten Spezialfirmen und der erfahrenen Mannschaft des Museums zu verdanken. Bis auf den neuen Fußboden präsentiert sich das Häuschen im Museum deshalb genauso, wie es zuletzt in Hohenstraßen vorgefunden wurde: alle Elektroleitungen, egal ob alt oder jung, alle Putz- und Malschichten mit ihren vielen Gebrauchsspuren auf den Wänden, der Ruß in der Küche, sogar die relativ jungen Fenster, kaum älter als 20 Jahre, blieben unverändert erhalten. Durch diese ganzheitliche Translozierungstechnik konnte die einmalige Atmosphäre des kleinen Hauses bewahrt werden.

Da das Gebäude bei der Übernahme durch das Hohenloher Freilandmuseum schon ausgeräumt war, mußten Möbel aus dem Fundus zu einer neuen Einheit zusammengestellt werden. Die jetzt gezeigte Einrichtung des Taglöhnerhauses geht auf die Jahre um 1880 ein, als die Familie des Flickschusters Scheu hier wohnte. Möbel und Gerät wurden entsprechend der überlieferten Aussteuerliste von 1876 ausgesucht. Somit ist die Gebäudehülle mit ihren jüngeren Zutaten wie Stromleitungen, Gardinenschienen und der Wanddekoration nicht mit der Zeit des dargestellten Inventars identisch.

Gebäudedaten:

Länge × Breite: 5,70 m × 5,40 m
Abbau: Oktober 1988, Translozierung des Hauses, außer dem kleinen Keller, in einem Stück
Bauaufnahme nachträglich im Museum im Sommer 1990 im Maßstab 1:25: verformungsgetreu von Praktikanten unter Anleitung des Museums erstellt
Dendrochronologische Untersuchung ohne auswertbares Ergebnis
Wiederaufbau: Winter 1988/89, zugänglich seit der Saison 1989
Zeitstellung des Gebäudes: im letzten Zustand von etwa 1960, Einrichtung um 1880

7a Seldnerhaus aus Schwarzenweiler, Stadt Forchtenberg, Hohenlohekreis

Neben den Höfen der großen Bauern gab es in jedem Dorf eine Reihe unterschiedlicher „Kleinbauernanwesen". Schon vor zweihundert Jahren war in den Dörfern eine sehr differenzierte und arbeitsteilige Bevölkerung herausgebildet. Handwerker spezialisierten sich und boten ihre Dienstleistung den ganz auf Ackerbau und Viehzucht eingestellten Vollbauern zu deren Arbeitserleichterung an. Kleinbauern stellten ihre Arbeitskraft den Großbauern zur Verfügung und verdingten sich bei ihnen oder bei der Herrschaft für vielerlei Arbeiten im Jahreslauf. Seldner, Köbler, Beisassen oder Taglöhner heißen diese ärmeren Landbewohner. Seldner sind dabei jene Dörfler, die zwar noch das Glück hatten, ein eigenes Haus mit einem kleinen Stück Land zu besitzen, aber weder allein von der Landwirtschaft noch von ihrer „Fremdarbeit" oder einem Handwerk leben konnten. Gerade im Zeitraum der Allmendauflösung oder der Aufteilung von herrschaftlichem Grund und Boden gegen Ende des 18. Jahrhunderts nahmen viele bis dahin besitzlose „Beisassen", also Mieter im heutigen Sinn, die Chance war, sich am Ortsrand oder manchmal sogar zwischen den Gütern einkaufen zu können und sich ein eigenes Häuschen zu bauen.

Das Seldnerhaus aus Schwarzenweiler hat vermutlich genau einem solchen Umstand seine Entstehung zu verdanken.

Hausgeschichte

Schwarzenweiler war ursprünglich als Schäferei der Fürsten Hohenlohe-Öhringen ein großer Einzelhof im geschlossenen Viereck. 1777–78 wurde der herrschaftliche Schafhof aufgeteilt und an Kaufwillige vergeben. Am 20. Mai 1778 erwirbt aus dieser Masse der 32jährige Weber Kitterer „einen Platz hinterm Garten an der

Auch beim Seldnerhaus hat sich aus den Jahren um 1925 ein Foto erhalten, rechts die vorletzte Bewohnerin Marie Carle mit ihrer Enkelin

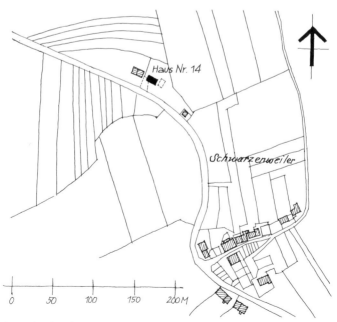

Lageplan des ehemaligen Schafhofes Schwarzenweiler um 1830 mit dem weit außerhalb stehenden Seldnerhaus

Die Rückseite des Seldnerhauses mit ihren Anbauten wirkt recht malerisch

Landstraße worauf Käufer eine Wohnung zu bauen gedenkt". Dabei dürfte es sich um den Platz unseres Seldnerhauses gehandelt haben. Als Kitterer 1811 stirbt, wird ein Nachlaßinventar erstellt, das interessante Einblicke in das Besitztum eines solchen Kleinbauern und Webers ermöglicht.

Die aus seiner zweiten Ehe stammende, 1787 schon in Schwarzenweiler geborene Maria Magdalena, war eines von zwei überlebenden acht Kindern aus dieser Verbindung. Sie heiratete Michael Kraft, der das Anwesen von ihrer Mutter kaufte. Er wird in Akten als „Söldner" bezeichnet, das Anwesen als „Seltners Gut".

In neuen Besitz gerät das Haus 1830, als es Johann Friedrich Wied, „Söldner und Amtsbote" aus Wohlmutshausen, erwirbt. 1855 überschreibt er es seinem Sohn Christian, einem Schuhmacher. Der Vater behält sich allerdings ein lebenslängliches Wohnrecht im Haus vor. Nach dem frühen Tod seiner Frau verkauft Christian alles an seine Schwester Magdalena, die 1862 den Söldner Johann Georg Hettenbach heiratet, den Sohn eines Bauern. Als Hettenbach 1894 stirbt, kommt das Söldnergut über Zwischenkäufer an Albrecht Carle, Sohn eines Bauern in Schwarzenweiler. Hettenbach besaß zuletzt immerhin fast zwei Hektar Acker und 40 Ar Wiese für seine kleine Landwirtschaft mit zwei Kühen. Carle erwarb davon nur noch eine Ackerfläche von 27 Ar und Grünland mit 26 Ar. Als Arbeiter außerhalb Schwarzenweilers in Metzdorf und im Steinbruch bei Forchtenberg war er nicht mehr so von der eigenen Landwirtschaft abhängig wie die Besitzer vor ihm. Seine Frau Marie, die ihm sieben Kinder geboren hat, über-

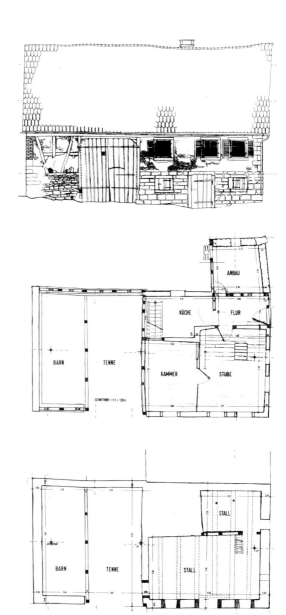

Die Zeichnungen der Bauaufnahme zeigen die Bescheidenheit des Hauses; Wohnung, Stall und Scheuer haben nur die unbedingt nötigen Ausmaße: oben die Straßenansicht, darunter Grundrisse von Obergeschoß und Erdgeschoß

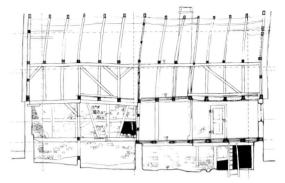

Längsschnitt der Bauaufnahme

lebte ihn um zehn Jahre, sie starb 1957. Ihre zweite Tochter Katharina lebte schon lange vorher bei ihrer Mutter im Haus, das sie selber bis zu ihrem Tode 1966 bewohnte. Seitdem stand das Haus leer und war über Jahre hinweg dem Verfall preisgegeben.

Zum Haus selber

Das kleine Gebäude mit einer Grundfläche von nicht mehr als 90 m² ist als sogenanntes „Einhaus" gebaut. Unter einem gemeinsamen Dach sind Wohnung, Stall und Scheune angeordnet. Die Wohnung ist „gestelzt", da sie über dem niedrigen Stall liegt; sie besteht nur aus vier Räumen: dem Flur, der Küche, der Stube und einer Kammer. Die Anordnung dieser Räume zueinander entspricht dem klassischen Prinzip des Grundrißzuschnitts der länd-

Beim Abbau im Januar 1984 behinderte die Witterung die Arbeiten. Deutlich erkennbar sind die verschalten Giebeldreiecke, die als Ganzteile nach Wackershofen wanderten

112

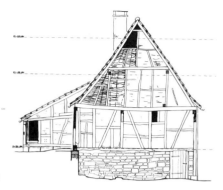

Querschnitt durch die Tenne

lichen Häuser in unserer Region. Die Küche ist etwas breiter als der Flur und kann so mit der Stube eine gemeinsame Wand bilden, an der früher der Stubenofen stand und als Hinterlader von der Küche aus geschürt wurde. Stube und Kammer waren, wie in den Häusern der Bauern und Seldner üblich, nur durch eine dünne Bretterwand geteilt. Von der Küche aus führt eine enge Stiege in den nichtausgebauten Dachboden, wo die Kinder schliefen. Durch das ganze Gebäude läuft eine Querwand vom Untergeschoß bis zum First, der im oberen Bereich als originale Lehmflechtwand aus der Erbauungszeit erhalten ist. Diese Wand kann man als eine Art Brandwand bezeichnen, sie trennt den Wohnteil mit dem Stall vom Wirtschaftsteil, der Tenne mit dem Barn. An der rückseitigen Traufe hat das Haus zwei Anbauten, in Verlängerung des Flurs einen zeitweise als Stall genutzten kleinen Raum, in den Akten als „Laubstall" bezeichnet. Daneben wurde der an die Kü-

Vom Restaurator wird beim Wiederaufbau wieder die originale farbenprächtige Schablonenmalerei in mehreren Arbeitsschritten mit viel Mühe und Akribie angebracht

113

Trotz der Armut der früheren Bewohner hat man die Wohnstube aufwendig ausgemalt, dafür sind die Möbel einfach gehalten

che angebaute Backofen im Museum wieder rekonstruiert sowie der zugige Abort als Bretterverschlag. Vorne am Hausgiebel war in Schwarzenweiler ein Schweinestall in Verlängerung des Laubstalls angefügt.

Die genaue Bauzeit des Hauses konnte bisher noch nicht bestimmt werden. Das vorhandene Holzgefüge mit den vielen Lehmflechtwänden und das archivalisch eingegrenzte Baudatum „um 1780" widersprechen sich etwas. Aufgrund des Holzgerüstes würde man ohne Kenntnis der Urkunden auf eine Bauzeit um 1700 tippen. Dendrochronologische Untersuchungen brachten bisher kein abgesichertes Ergebnis, da das Haus aus sehr viel zweitverwendetem Material erbaut war, da als Holzart neben Fichte und Eiche vor allem Akazie, für die keine Standardkurven existieren, zum Einsatz kam und da die verbauten Hölzer wenig Jahresringe aufweisen.

Über die verschiedenen Bauveränderungen am Haus selber ist wenig aktenkundig geworden. Die massiven Außenwände des Wohnstocks sind junge Erneuerungsmaßnahmen, sie dürften wohl im ersten Viertel unseres Jahrhunderts die alten Fachwerkwände ersetzt haben. Auch die rückwärtige Giebelwand als verputzte Ziegelmauer im Bereich des Barn ist einer Reparatur zu verdanken.

Eine genaue Farbuntersuchung der Wandschichten erbrachte erstaunlich bunt und aufwendig gestaltete Schablonenmalereien an den Wänden. Sie entstammen wohl den zwanziger Jahren unseres Jahrhunderts. Nach den Erzählungen der Nachfahren der letzten Bewohner konnte deren Einrichtung im großen und ganzen nachgestellt werden, sie entspricht jetzt im Museum dem Zustand um 1925.

Gebäudedaten:

Länge × Breite: 13,00 m × 6,70 m
Abbau: 1984
Bauaufnahme verformungsgerecht im M 1:25: Günter Mann, Schorndorf
Farb- und Putzuntersuchung: Ernst Stock, Schwäbisch Hall
Wiederaufbau: 1984/85, geöffnet seit 1986
Zeitstellung des Gebäudes: um 1925

Literatur:

Nachlaßverzeichnis des Webers Georg Friedrich Kitterer in Schwarzenweiler von 1811, in: Mitteilungen des Hohenloher Freilandmuseums Nr. 5, 1984

Von der Küche aus führt die Treppe in den Dachboden, wo früher die Kinder schliefen. Der Herd stammt noch aus Schwarzenweiler (Museumszustand)

8b Spätmittelalterliche Scheune aus Obereppach, Stadt Neuenstein, Hohenlohekreis

Die meisten Gebäude im Hohenloher Freilandmuseum stammen in ihrer Bausubstanz aus dem 18. und 19. Jahrhundert. Gerade aus dieser Zeit haben sich die meisten historischen ländlichen Bauten erhalten. Aus den Jahrhunderten davor sind im Verhältnis dazu nur wenige Häuser und Scheunen überkommen. Trotzdem können noch genügend bauliche Spuren selbst aus dem Spätmittelalter in allen Regionen des Einzugsbereichs festgestellt werden. Auch im Bereich der Kernlandschaft „Hohenlohe", die bisher als von Bauten vor 1750 vollkommen ausgeräumt galt, sind durch die Forschungen des Freilandmuseums genügend Beispiele aus dem 16. Jahrhundert erkannt worden, die jetzt den Aufbau einer eigenen kleinen Baugruppe „Bauernhof vor dem 30jährigen Krieg" erlauben.

Als erstes Gebäude konnte schon vor etlichen Jahren der damals sensationelle Fund einer gut erhaltenen Scheune aus dem 16. Jahrhundert ins Museum transloziert werden. Dieses dreizonige landwirtschaftliche Nebengebäude stand in Obereppach bei Neuenstein und war vor Ort in eine lange Scheunenzeile aus der Zeit um 1800 so integriert, daß der Erstbau selbst für Fachleute nur schwer erkennbar war. Eine Datierung des Holzgefüges ergab als Baujahr 1549.

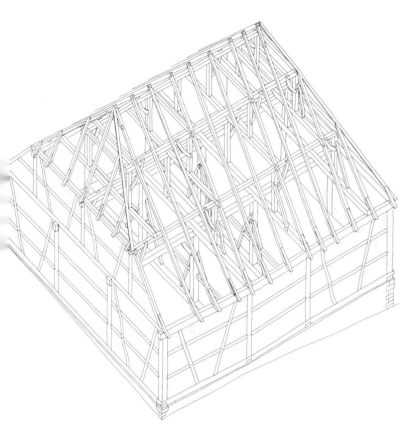

Isometrische Darstellung des rekonstruierten Scheunengebäudes

Die Scheune in Obereppach von der Bahn aus aufgenommen

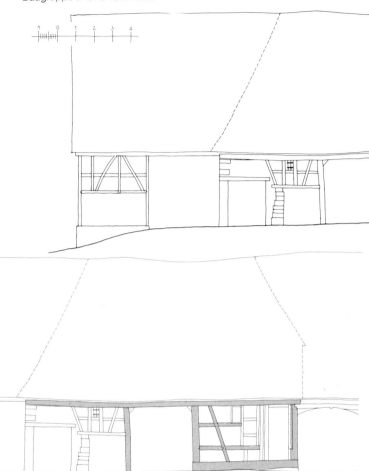

Ansicht mit Eintragung der beim Abbau noch vorhandenen Originalhölzer

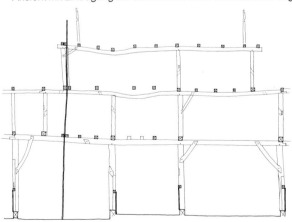

Längsschnitt, gut zu sehen ist die spätere Abgrenzung der verschiedenen Eigentümer

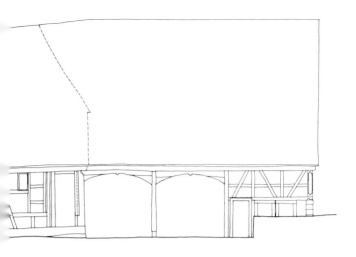

Längsansicht auf der Hofseite mit den späteren seitlichen Anbauten. Die ursprüngliche Scheune von 1550 ist gut zu erkennen

Scheune des 16. Jahrhunderts

Wichtig an diesem großteils original erhaltenen Scheunenbau ist die erstmals durch ein Objekt geschaffene Einblicksmöglichkeit in eine als verloren geglaubte Vergangenheit. Bisher war es nur möglich, Licht in das Alltagsleben dieser Zeit mittels „trockener" Archivalien zu bringen. Jetzt wissen wir, daß die Scheune eines Bauernhofes im 16. Jahrhundert schon recht stattliche Ausmaße hatte, sie besitzt drei Querzonen mit der Tenne in der Mitte und zwei seitlichen Barn, die Lagerräume für das ungedroschene Getreide. Diese Anordnung entspricht dem klassischen süddeutschen Scheunentypus und wird bis ins 19. Jahrhundert bei kleineren Anlagen angewandt. Die Barn werden von der Tenne durch niedrige Querwände abgeteilt, über dem vier Meter hohen Erdge-

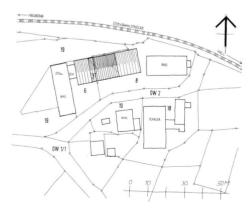

Lageplanausschnitt von Obereppach, Zustand um 1980

Innenansicht im Museum

schoß lagen keine Decken auf. Nur durch das raumhohe Tennentor gelangt man in die Scheune, der rechte Barn ist mit einem
Durchgang in der Querwand mit der Tenne verbunden, die linke
Barnwand ist geschlossen. Die Konstruktion des original erhaltenen linken Torpfostens läßt vermuten, daß hier direkt neben dem
Tor eine Tür, ähnlich wie bei der Scheune aus Hohensall (10c), in
das sonst nicht zugängliche Barngefach führte. Da ein vollständi-
ger Nachweis nicht mehr möglich war, wurde diese Tür beim Wiederaufbau nicht rekonstruiert. Charakteristisch für das frühe Baudatum ist auch die Dachform mit Vollwalmdach auf der einen und
Halbwalmdach auf der anderen Schmalseite.
Völlig unterschiedliche Holzverbindungen zeigt die Scheune innen und außen. Die Außenwandkonstruktion mit den weiten Stüt-
zenstellungen und den gezapften, geschoßhohen, schrägen Streben ist typisch für das 16. Jahrhundert. Das innere Gefüge mit den
angeblatteten Fuß- und Kopfbändern ist technisch völlig anders,
man möchte aus unserer Sicht meinen, „altertümlicher" und rück-
ständiger ausgeführt.
Diese aussteifenden schrägen Hölzer im Innern sind streng zugeordnet: in der Längsrichtung handelt es sich um Kopfbänder, hier
ist eine Strebe zwischen dem oberen Teil der Stütze und der
längslaufenden Pfette angeordnet; in der Querrichtung dagegen
geschieht die Winkelsicherung durch Fußbänder, hier läuft also
die Schräge von oben nach unten auf den Dachbalken, den Kehlbalken oder die Schwelle.

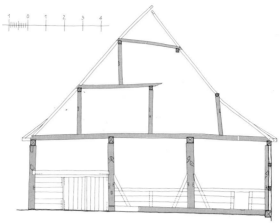

Querschnitt der Bauaufnahme, bei dem die starken Verformungen deutlich werden. Die Originalhölzer sind grau angelegt

Wiederaufbau im Museum

Durch den späteren Einbau in einen langen Scheunenkomplex waren etliche Bauhölzer verändert worden oder schon völlig abgängig. Die vorhandenen Spuren ließen aber eine Rekonstruktion des Gefüges mit den nicht mehr vorhandenen Walmen, den Außenwandergänzungen und der vielen fehlenden Aussteifungshölzer völlig unproblematisch zu.

Die wenigen, noch original erhaltenen Wandfüllungen als Lehmflechtwerk („Schlierwand") waren so desolat, daß ein Transport ganzer Wände nicht sinnvoll schien. Vor Ort in Wackershofen wurden dann alle Wände in dieser alten Technik vom Bautrupp des Museums in mühevoller Arbeit wieder ausgeführt. Auf den Außenseiten wurde ein dünner Kalkputz, dem Kälberhaare zur „Bewehrung" beigemengt wurden, als Witterungsschutz aufgetragen.

Gebäudedaten:

Länge × Breite: 15,20 m × 13,0 m
Abbau: Winter 1981/82
Bauaufnahme verformungsgerecht im Maßstab 1:50:
Albrecht Bedal und Robert Crowell, Karlsruhe
Dendrochronologische Bestimmung: 1548/49, Hans Tisje, Neu-Isenburg
Wiederaufbau: 1982/83
Zeitstellung: Erbauungszustand um 1550

Literatur:

Albrecht Bedal, Kelter Oberohrn und Scheune Obereppach. Zwei ländliche Nebengebäude aus Hohenlohe, in: Mitteilungen des Hohenloher Freilandmuseums Nr. 3, 1982

9a Waaghäuschen aus Rauhenbretzingen, Gemeinde Michelbach/Bilz, Landkreis Schwäbisch Hall

Mitten in dem kleinen Ort stand jahrzehntelang ein kleiner verbretterter Schuppen, das Waaghäusle. Auf beiden Giebelseiten führen zwei hausbreite zweiflügelige Tore in den Innenraum. Hier ist die Viehwaage eingebaut. Da das Schlachtvieh nach Gewicht verkauft wurde und wird, ist es notwendig, das Vieh vor dem Verkauf zu wiegen. Das festgestellte Gewicht wird auf einer Karte ausgedruckt. Ähnliche Gemeinde-Viehwaagen waren bis vor kurzer Zeit überall in Benutzung, manche, wie das im Ort Wackershofen erhaltene Waaghäuschen, sind sogar heute noch mit der alten, unverwüstlichen Wiegemechanik in Betrieb.

Das Waaghäuschen in Rauhenbretzingen ist vermutlich in den Zwanziger Jahren neu gebaut worden, in einem Lageplan von 1930 wird es als bestehendes Gebäude geführt. Als gemeindeeigenes Gebäude wurde die kleine Viehwaage auch als Anschlagtafel für Mitteilungen an die Bürger verwendet.

Gebäudedaten:

Länge × Breite: 3,10 m × 2,60 m
Abbau und Wiederaufbau: 1989 in einem Stück
Zeitstellung des Gebäudes: um 1930

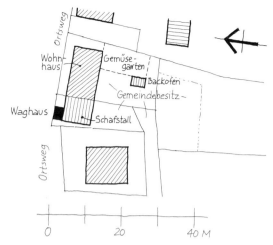

Lageplan von der Ortsmitte Gschlachtenbretzingen aus dem Jahre 1930 beim Neubau des Waaghauses, das auf Gemeindebesitz errichtet wurde

Das Waaghäuschen vor Ort kurz vor dem Abbau

Eingestempelte Gewichtsangabe auf einem vorgedruckten Kärtchen der Gemeindewaage in Wackershofen

9b Schafscheuer aus Birkelbach, Gemeinde Satteldorf, Landkreis Schwäbisch Hall

In vielen Dörfern der Hohenloher Ebene stand bis vor kurzem noch eine gemeindeeigene Schafscheuer oder ein Schafhaus. Eigentlich handelt es sich dabei um Schafställe, die den großen Schafherden als Unterkunft dienten. Vielerorts waren sie mit weiteren gemeindlichen Räumen wie Brechdarre oder Armenwohnung verbunden.

Baugeschichte

Die Entstehung dieser kleinen Schafscheuer gibt einige Rätsel auf. In Birkelbach ist spätestens seit dem im Jahre 1853 angelegten Güterbuchheft eine „Schafscheuer ganz getäfert, mit Ziegeldach an der Gasse neben der Schulgemeinde" belegt. Dieses einfach gebaute Gebäude stand wenige Jahre später dem Bahnbau Crailsheim-Ansbach im Wege, es wurde deswegen 1873 abgebrochen. Parallel stellte die Bahn-Baufirma Lautenschlager ein Baugesuch zur Errichtung eines „provisorischen Wohngebäudes für Arbeiter". Dieses Unterkunftshaus hat dieselben Maße wie die alte Schafscheuer und muß wohl, nach dem vorhandenen Plan und der Baubeschreibung zu schließen, genauso ausgesehen haben. Man kann daher davon ausgehen – obwohl in den Akten eine Wiederverwendung nicht erwähnt wird –, daß die Baufirma aus

124

Sparsamkeitserwägungen heraus aus den leicht abzubauenden Hölzern der Schafscheune ca. 50 m entfernt die ehemalige Schafscheune als „Baracke" für die Bahnarbeiter wieder errichten ließ. Die Baugenehmigung für dieses Provisorium erstreckte sich allerdings nur für die Zeit des Bahnbaus, es sollte spätestens nach vier Jahren wieder entfernt werden. Aber über hundert Jahre später stand der „Holzschuppen" immer noch, jetzt wieder als Birkelbacher Schafscheuer. Sie wird in den Akten geführt als ab „1876 neu errichtet" mit einem „Kesselhaus" als Anbau. Hierbei handelt es

Die Schafscheune beim Abbau mit Blick auf die Raufen. Die Außenbretter sind schon entfernt

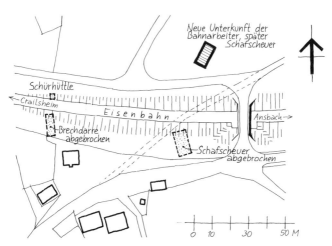

Die alte Schafscheuer stand am östlichen Rand von Birkelbach genau auf der geplanten Trasse und wurde deswegen um 50 Meter nach Norden verschoben

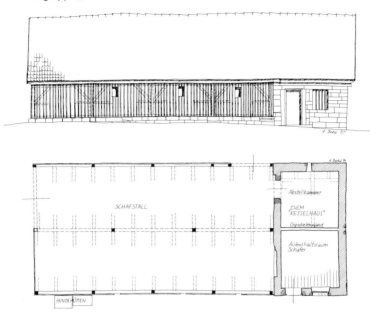

Längsansicht und Grundriß der Bauaufnahme

sich um eine vier auf sieben Meter große, massive Verlängerung. Diese Bezeichnung kann eigentlich nur eine Brechdarre mit einem steinernen Kessel zum Darren des Flachses meinen. Charakteristisch dafür sind die dicken Mauern und die zwei heute noch erhaltenen Fensterschlitze. Man kann daher davon ausgehen, daß die alte Schafscheuer von Birkelbach schon 1873 einmal versetzt wurde und dann bis 1876 als Arbeiterunterkunft diente. Danach nutzte sie die Gemeinde wieder als Schafscheuer und baute das sogenannte Kesselhaus als Ersatz für die ebenfalls beim Bahnbau abgegangene Brechdarre an. Diese Kombination von im Gemeindebesitz befindlicher Schafscheuer und Brechdarre unter einem Dach ist nicht ungewöhnlich, sie ist in unmittelbarer Nachbarschaft auch in Gröningen oder in Hengstfeld nachgewiesen. Erst später nach dem 1. Weltkrieg, als die Brechdarren überflüssig wurden, hat sich der Schäfer in der Hälfte des nun nutzlosen Kesselhauses einen Aufenthaltsraum eingerichtet. Um Licht zu erhalten, wurde dabei das Fenster eingebrochen, wohingegen die Tür mit ihrem Steingewände von Anfang an hier eingebaut war.

Die Schafscheuer im Museum

Bei der Gebäudeumsetzung von Birkelbach nach Wackershofen ging die Scheuer also das zweite Mal auf Reisen. Sie fand ihren Platz außerhalb des Dorfes in der Nähe der Bahnlinie, ähnlich wie

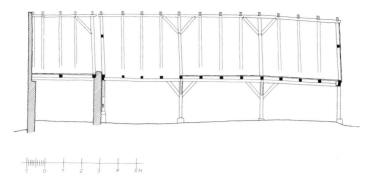

Längsschnitt und Querschnitt der Bauaufnahme. Deutlich ist die Baufuge zwischen der eigentlichen Scheuer und dem Kesselhaus zu sehen

in Birkelbach. So weist sie auch im Museum auf die einstige Nutzung als Bahnarbeiterbehausung aus der Bauzeit der Haupteisenbahnlinien im nördlichen Württemberg hin.

Beim Wiederaufbau wurde der vorgefundene Zustand mit dem Fenstereinbruch gewählt, eine Rekonstruktion des vorherigen Zustandes mit dem Darrkessel war nicht mehr möglich.

Im ehemaligen Kesselhaus und der späteren Schäferunterkunft ist eine kleine Tafelausstellung „Wolle und Fleisch" über die Schafhaltung vor hundert Jahren aufgebaut mit den Schwerpunkten Schafrassen, Formen der Schafhaltung, soziale Stellung der Schäfer, Geräte und aktuelle Schafhaltung. Die Schafscheuer selber dient heute zur Unterbringung der museumseigenen Schafherde.

Gebäudedaten:

Länge × Breite: 17,10 m × 7,10 m
Abbau: 1986, zerlegt in Einzelteile
Bauaufnahme, verformungsgerecht im Maßstab 1:50: Hochbauamt der Stadt Schwäbisch Hall, Albrecht Bedal
Wiederaufbau: 1987
Zeitstellung des Gebäudes: um 1930

9c Brech- und Darrhütte aus Amlishagen,
9d Stadt Gerabronn, Kreis Schwäbisch Hall

Vor dem Aufkommen der aus Amerika oder Afrika importierten Baumwolle wurde der Stoff aus Leinenfaden gewebt, der in eigener Produktiion als Flachs angebaut wurde. Auch nachdem die leichtere Baumwolle sich für die Leibwäsche durchsetzen konnte, war Leinen als Material für bestimmte Textilien wie Bettwäsche oder als Beimischung zur Baumwolle weiterhin beliebt. Im Dritten Reich erlebte der Flachsanbau wegen der damaligen Autarkiebestrebungen eine kurze Wiederbelebung. Heute sind die blau blühenden Felder weitgehend aus der Landschaft verschwunden.
Die Verarbeitung vom Flachs bis zum fertigen Tuch war sehr aufwendig, allein das Herausholen der zum Spinnen geeigneten Faser aus der Pflanze erforderte einen speziellen Arbeitsgang, der in den alten Dörfern sogar einen eigenen Bautyp schuf: Das Brechhaus oder die Brechdarre.

Aufgabe der Brechdarre

Die Brechdarren hatten zwei Funktionen: In einem Raum wurde der vorbereitete Flachs durch Hitze gedarrt, also getrocknet, um danach im anderen Raum zum Herausholen der Faser gebrochen zu werden. Diese beiden Räume konnten in einem oder in zwei getrennt angelegten Gebäuden untergebracht sein.

Die zwei Fotos zeigen den Zustand der Brechdarre in Amlishagen

Der Darraum besitzt in der Mitte einen runden Dörrplatz, auf dem ein Rost aufgelegt ist. Von außen führt unterirdisch ein Rauchkanal, der „Fuchs", in dieses kreisrunde Becken, auch „Kessel" genannt. Die heiße Luft durchstreift den Kessel und trocknet im Aufsteigen den auf dem Rost aufgeschichteten, vorher gerösteten Flachs. Der Rauch zieht dann durch das Dach wieder ab. Geschürt wird außerhalb des Darraumes im „Schürhüttle", von dem aus der in den Boden eingetiefte Fuchs über etliche Meter in den Kessel führt. Wegen der großen Feuergefahr bei dieser Arbeit wurde der Heizraum möglichst weit weg von der Brechdarre angeordnet. Eine zusätzliche Abknickung im Heißluftkanal sollte den gefährlichen Funkenflug bis in den Darraum verhindern.

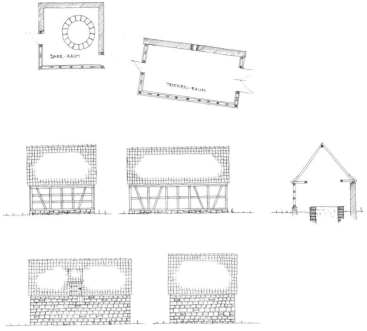

Die Bauaufnahme dokumentiert gut die schräge Stellung der beiden Gebäude zueinander

Der Brechraum war vielerorts wegen der trotz aller Vorsichtsmaßnahmen immer wieder entstehenden Brände nicht mit dem Darraum zusammengebaut, sondern in einem danebenliegenden Gebäude untergebracht. Der Brechraum besaß keine besonderen Einrichtungen, hier wurde auf den mitgebrachten Flachsbrechen der getrocknete und spröde gewordene Flachs gebrochen und mit Schwingen so lange bearbeitet, bis die Fasern freilagen. Diese Arbeit besorgten in der Regel die Frauen und Mädchen.

Die Brechdarren waren meistens kommunale Gebäude, deren Benutzung durch die einzelnen Bauern geregelt war. In kleineren Weilern mit wenigen Höfen konnte sich auch eine Eigentümergemeinschaft bilden, die sich eine solche Brechhütte selber baute. Um bei dem Hantieren mit dem offenen Feuer und dem leicht entzündbaren Flachs kein Risiko wegen einer Feuersbrunst einzugehen, baute man die Brechdarren weit außerhalb der geschlossenen Dörfer. In wohl allen Dörfern Hohenlohe-Frankens bestanden die Brechhütten im 19. Jahrhundert als gemeindliche Einrichtungen, bis ins westliche Mittelfranken hinein sind sie bekannt.

Auch Wackershofen besaß damals eine solche kleine Gebäudegruppe. Die Darr- und Brechhütte lag etwa da, wo heute im Gelände des Freilandmuseums die Gofmannskelter steht.

Die Brechdarre aus Amlishagen

In Amlishagen standen die Darr- und die Brechhütte weit vor dem Ort in Richtung Rot am See. Da Bauunterlagen fehlen und eine Datierung der Hölzer nicht möglich war, kann ein genaues Baudatum nicht angegeben werden. Im Urkatasterplan von 1833 ist die Anlage schon eingezeichnet, also kann eine Bauzeit im 1. Drittel des 19. Jahrhunderts angenommen werden. Für eine Errichtung davor sprechen bei Konstruktion und Gefüge keine Indizien. Die kleine Schürhütte war, wie die Gemeinderatsprotokolle verraten, 1844 so baufällig, daß sie erneuert werden mußte.

Wie lang die Gebäude bestimmungsgemäß verwendet wurden, läßt sich nicht mehr nachvollziehen. 1905 heißen sie noch Schürhaus, Dörrhaus und Brechhaus; 1951 werden sie lapidar als Remise bezeichnet, das Schürhüttle ist schon abgegangen.

Über die Flachsverarbeitung

Im Hochsommer reift der Flachs, er muß daher im Juli/August geerntet werden. Flachs wird nicht geschnitten, sondern gerupft, um die Fasern möglichst lang zu halten, dann gebündelt und in kleinen Garben zum Trocknen aufgestellt.

Vor dem Weiterverarbeiten müssen die Kapseln von den Stengeln gelöst werden. Bei diesem Riffeln werden kleine Büschel durch einen eisernen Rechen gezogen. Die abgefallenen Kapseln kann man als Samen aufheben oder zu Leinöl mahlen. Die so gereinigten Stengel müssen nun aufgeweicht werden, der Bast muß sich lösen lassen. Besonders gut für dieses „Rösten" eignen sich die feuchten Herbstmorgen. Danach muß der Flachs ins Darrhaus zum Trocknen, um anschließend gebrochen zu werden, eine typische Winterarbeit. Um ihn von allen harten Teilen endgültig zu befreien, wird er zusätzlich auf dem Schwingstock geschlagen. Als letzten Arbeitsgang vor dem Spinnen muß er noch gehechelt werden, er wird dabei durch feststehende, eiserne Bürsten unterschiedlicher Feinheit gezogen.

Gebäudedaten

Länge × Breite (Darrhütte): 5,30 m × 5,20 m
(Brechhütte): 4,50 m × 8,50 m
Abbau: 1985, zerlegt in Einzelteile
Bauaufnahme im Maßstab 1:75: Hochbauamt der Stadt Schwäbisch Hall, Gerhard Leibl
Wiederaufbau: 1986
Zeitstellung der Gebäude: 19. Jahrhundert

Literatur:

Erika Thier, Anbau und Verarbeitung des Flachses, in:
Alte Textilien im Bauernhaus, Schwäbisch Hall 1984
Heinrich Mehl, Brechdarren in Hohenlohe, in:
Alte Textilien im Bauernhaus, Schwäbisch Hall 1984

10a Steigengasthaus „Rose" aus Michelfeld, Landkreis Schwäbisch Hall

Neben den üblichen Dorfgasthäusern waren im Hohenlohischen mit seinen vielen in die Ebene tief eingeschnittenen Tälern und den Anhöhen zum Schwäbisch-Fränkischen Wald ein weiterer Gasthoftyp üblich geworden: der am Ende oder in der Mitte einer längeren ansteigenden, wichtigen Verkehrsstraße gelegene Steigengasthof. Er ist bei den früheren Verkehrsverhältnissen Rastpunkt für die Bauern, für Fuhrleute und sonstiges fahrendes Volk gewesen. Man konnte hier die vom Aufstieg ermatteten Zugtiere unterstellen und sich selbst einen kräftigen Erfrischungstrunk leisten. Gegen entsprechendes Entgelt spannte der Wirt auch seine eigenen Zugtiere vor und begleitete die schweren Wagen bis zur Höhe hinauf.

Auf halber Höhe zum Mainhardter Wald an der „Roten Steige", der wichtigen Verbindung von Nürnberg über Rothenburg und Schwäbisch Hall in Richtung Neckartal und in einiger Entfernung von Michelfeld gelegen, war die „Rose" natürlich auch Treffpunkt für Waldarbeiter, Holzfäller und manches lichtscheue Gesindel. Die wechselhafte Geschichte des Gasthauses, in dem Mord- und Totschlag aktenkundig geworden sind, mit den vielen sagenhaften Erzählungen, die sich um das Steigengasthaus ranken, machen das Haus im Museum nicht nur zu einem baugeschichtlichen Denkmal, sondern auch zu einem lebendigen Geschichtszeugnis.

Erkenntnisse zur Baugeschichte

Das Steigengasthaus war das erste für das Hohenloher Freilandmuseum abgebaute Museumsobjekt. Trotz genauer Vermessung
im großen Maßstab und minutiöser Numerierung hat man damals
beim Abbau auf die vielen vorhandenen baugeschichtlichen Spuren weniger geachtet. So ist es zehn Jahre nach dem Wiederaufbau kaum mehr möglich, den ursprünglichen Zustand und die einzelnen Bauphasen zu rekonstruieren. Erstmals urkundlich 1620
durch die Vergabe einer Schankkonzession an Joachim Kübler
durch den Rat der Reichsstadt Hall erwähnt, ist der Baukörper
selbst wesentlich jünger.

Das Steigengasthaus in einer historischen Aufnahme von etwa 1910

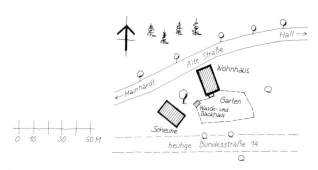

*Lageplan des Gasthofes „Rose" um 1830 mit Eintragung der heutigen
Bundesstraße*

133

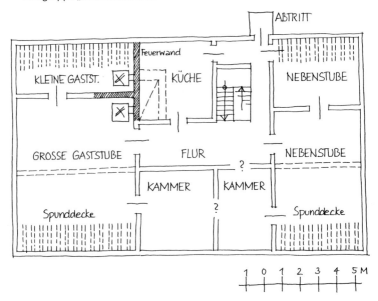

Rekonstruktion des Obergeschosses zur Zeit der Erbauung 1750 mit den vier Stuben, die mit Spunddecken ausgestattet waren

Das Gebäude, so wie es 1979 vom Museum vorgefunden wurde, dürfte hauptsächlich aus zwei Bauphasen bestanden haben. Um 1750 wurde das Gebäude im heutigen Umfang neu erstellt. Eine am wiederaufgebauten Haus durchgeführte Nachdatierung nicht ausgetauschter Hölzer ergab das Fälldatum 1748/49. Bestätigt wird dieses Datum durch einen Protest von Syndikus, Räten und Beamten der Komburg beim Haller Rat 1749 wegen „Auferbauung" der Wirtschaft zur Roten Steige. Das Gasthaus war schon damals ähnlich aufgeteilt wie heute: Wirtsstube und Nebenräume mit Küche im Obergeschoß, Stall, Remise und Abstellräume im Erdgeschoß. Charakteristisch für diese Zeit sind die sichtbaren Spunddecken (auch Bohlen-Balken-Decken genannt), die heute im Museum in der großen Gaststube noch sichtbar ist. Es ist anzunehmen, daß damals auch das Erdgeschoß aus Fachwerk bestand.

1801 kommt es in den Besitz eines unternehmungslustigen Wirts, Georg Gottlieb Seckel erneuert das Haus vollkommen. Bei dieser durchgreifenden Renovierungsphase werden alle Außenwände vollständig ersetzt, die Wände des oberen Stockwerks werden in der damals üblichen Fachwerkmanier neu gezimmert, das Erdgeschoß erhält vermutlich zusammen mit den neuen Türgewänden die 60 cm dicke Bruchsteinwand. Es ist anzunehmen, daß in diesem Zusammenhang der gewölbte Keller eingebaut wird. Georg Seckel ließ die rechte, vorher ebenfalls mit einer Spunddecke versehene Nebenstube zu einem zeitgemäßen Tanzsaal mit einer weiß gestuckten Decke verändern. Dabei wurde eine Wand aus dem Tragsystem herausgeschoben, die im Laufe der Zeit zu dem

134

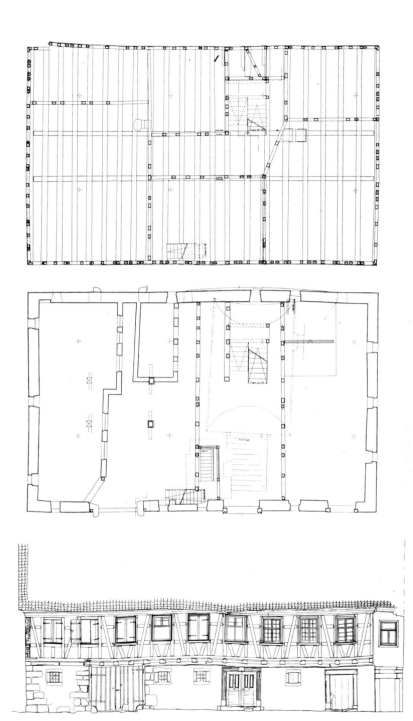

*Grundriß Obergeschoß und Erdgeschoß sowie die Ansicht der Eingangs-
seite aus der Bauaufnahme 1979*

großen Bauschaden geführt hat, der letztendlich den Abbruch des Hauses verursachte. Nachdem 1862 neben dem alten Gasthaus „Rose" ein Neubau entstand, wurde unser Steigengasthaus verlassen und diente zuletzt nur noch als Schweinestall, Fruchtspeicher und Abstellraum.

Das Steigengasthaus im Museum

Von seinem Grundgefüge her entspricht das Steigengasthaus dem üblichen Typ des zweigeschossigen Wohn-Stall-Hauses. Statt der Wohnung befinden sich hier die Gasträume im Obergeschoß. Das Erdgeschoß ist in drei Zonen aufgeteilt: Rechts vom Flur befindet sich der Ochsen- und Pferdestall, links des Flures ein großer Raum mit vier Einzelstützen, den man als Wagenremise deuten kann, der aber sicher auch für die Unterbringung der Zugtiere der Reisenden gedient hat. Der breite Querflur endet rückseitig mit der zweiläufigen Treppe. Direkt hinter der Haustüre ist der Bohlenbelag abnehmbar, unter den Dielen wird dann die breite Steintreppe in den gewölbten Keller frei. So konnten die großen Most- und Weinfässer in den Keller gebracht werden. Für den Wirt wurde vom Schankraum aus ein kleines Treppchen eingebaut, damit er schnell aus dem kühlen Keller einen frischen Mostkrug für die durstigen Gäste holen konnte.

Das Obergeschoß ist auf beiden Hausseiten von Gaststuben eingerahmt: links der große Hauptgastraum, dahinter eine kleine, ebenfalls heizbare Nebenstube, auf der rechten Seite der Tanz-

136

saal, ebenfalls mit einem Nebenraum. Dazwischen liegen Küche und Treppen, gegenüber ein (oder waren es einmal zwei?) größerer Raum, der vielleicht früher als Schlafkammer diente.

In der Küche konnten deutliche Spuren der alten Einrichtung gefunden werden, nach denen der gemauerte Herd für das offene Feuer und der Rauchfang rekonstruiert wurden. Die Schüröffnungen für die beiden Hinterladeröfen in der großen und kleinen Stu-

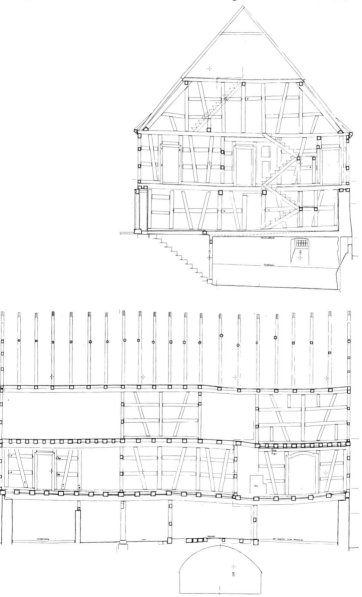

Quer- und Längsschnitt der Bauaufnahme 1979. Der Keller mußte in Michelfeld bleiben, er wurde im Museum aus alten Steinen nachgebaut.

Die Wirtsstube im Museum mit dem Kienspanhalter

be wurden wieder eingebaut. Der Küchenboden bestand aus gebrannten Tonplatten, die beim Wiederaufbau Verwendung fanden.

Am Hauptgiebel des Hauses, wo bei den Wohnhäusern die Stube liegt, befindet sich hier der große Gastraum. Mit Treppenhaus und Gang ergibt sich wieder, wie bei den Wohnhäusern, ein Winkelflur. Neben der zweiläufigen Treppe ist ein schmaler Gang eingezwängt, der zum Aborterker führt.

So sah der Keller im Steigengasthaus am alten Standort aus

Der gußeiserne Ofen in der großen Stube stammt aus dem Welzheimer Wald, die Wirtshaustische kommen aus dem „Grünen Baum" in Neunkirchen. Die Eckbank wurde nach gefundenen Resten und Spuren rekonstruiert.

Die Stubenfenster mit den Bleisprossen, den zwanzig Scheiben und den vier Flügeln sind originale Fenster aus dem Haus, die hier zusammengezogen wurden, alle übrigen Fenster wurden nach dem Vorbild dieser Kreuzstockfenster nachgebaut.

Der Tanzsaal zeigt den Zustand um 1801 mit der dazugehörigen, einfachen Farbgebung, dem kassettierten Fußboden und den Füllungstüren. Auch hier war ein von außen heizbarer Ofen eingerichtet, dessen vorgefundene Mauerreste wiederaufgebaut wurden; er soll einmal mit einem zeittypischen Kastenofen aus gußeisernen Platten vervollständigt werden.

Gebäudedaten:

Länge × Breite: 20,50 m × 11,60 m
Abbau: 1979
Bauaufnahme verformungsgetreu im Maßstab 1:25: Landesdenkmalamt Baden-Württemberg und Städtisches Hochbauamt Schwäbisch Hall
Farbgutachten: Württembergisches Landesmuseums
Dendrochronologische Bestimmung: Lohrum/Bleyer, Ettenheimmünster
Wiederaufbau: 1980–82
Zeitstellung: nach 1801

Literatur:

Heinrich Mehl, Steigenhaus Michelfeld (mit Besitzergeschichte), in: Mitteilungen des Hohenloher Freilandmuseums Nr. 1, 1980

Außenansicht zur Zeit der Bauaufnahme

10b Große Stall-Scheune von der Roten Steige, Gemeinde Michelfeld, Landkreis Schwäbisch Hall

Ein außergewöhnlicher Glücksfall bescherte dem Freilandmuseum die originale Scheune des Steigengasthauses. Sie mußte einem Neubau an gleicher Stelle weichen. Somit entsteht im Museum das erste Mal ein beinahe einmaliges Ensemble, Wohnhaus und Scheune stammen vom gleichen Hof. Allerdings, bedingt durch die Geländeverhältnisse im Museum, kann die alte Hofsituation, bei der sich beide Gebäude fast gegenüberstanden, nicht nachgebildet werden. Auch die vorher hierher versetzte Scheune aus Hohensall engt die Möglichkeiten für eine historisch getreue Nachbildung des Hofraumes ein. Die leicht schräge Stellung der großen Scheune in bezug zum Wohnhaus läßt aber noch etwas von der großzügigen Hofsituation am alten Standort oberhalb Michelfelds spüren.

Zur Baugeschichte

Als vollständig neues Gebäude wurde die Scheune 1821 gegenüber dem Steigengasthaus errichtet. Sie war damals als vierzonige Stallscheune gebaut worden mit zwei Durchfahrtstennen und zwei Barn. Über einen eventuellen Vorgängerbau ist nichts bekannt.

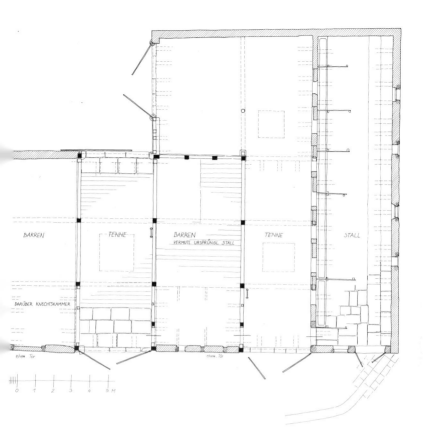

Grundriß der Bauaufnahme mit dem jüngeren Querbau

Die Aufnahme zeigt den Zustand kurz vor dem Abbau 1988. Jüngere Zutaten sind die beiden Anbauten, die nicht mehr ins Museum wanderten

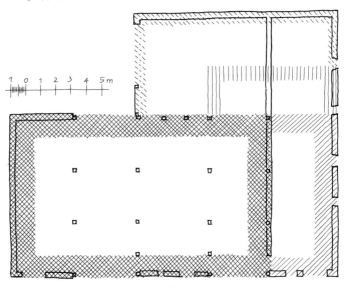

1 0 1 2 3 4 5 m

▨▨▨▨ Erstbau 1821 ||||||||| Erweiterung II

▨▨▨▨ Erweiterung I   ▨▨▨▨ Erweiterung III 1898

Die verschiedenen Baustufen seit dem Neubau 1821 verdeutlicht dieser Grundriß

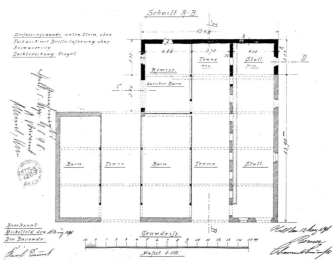

Der Baueingabeplan von 1898 (Gemeindearchiv Michelfeld) zur Erweiterung des Stalles

Im linken Barnteil befand sich ein Wagenschuppen, darüber lag im vorderen Bereich die Knechtskammer. Sie ist heute noch in Ansätzen zu erkennen. Der Stall war damals im mittleren Barn eingerichtet; im Sturz der heute vermauerten Tür ist das Erbauungsjahr 1821 eingemeißelt.

Im Laufe des 19. Jahrhunderts erfuhr die Scheune mannigfache bauliche Veränderungen, insgesamt wurde sie dreimal umgebaut und vergrößert. Zuerst wurde eine weitere Querzone als großer Viehstall angestückt, dann vergrößerte ein schmaler rückwärtiger Anbau Tenne und den neuen Stall. Die letzte große Veränderung ist durch Bauakten belegt. 1898 wurde der rückwärtige Anbau, der bis dahin mit einem Schleppdach gedeckt war, um drei Meter verlängert und mit einem Satteldach versehen. Entgegen dem Bauplan wurden nur die Stallwände massiv ausgeführt, die Remisenzufahrt erhielt eine einfache Bretterwand. Wie aus den Bauak-

Die Scheune beim Wiederaufbau im Winter 1989/90

ten zu entnehmen ist, war dieser Querbau nie als Göpelraum gedacht, wie man eigentlich vermuten sollte, sondern nur als Vergrößerung von Stall und Tenne. Beide Tennen hatten unterschiedliche Bodenaufbauten. Die rechte Tenne war mit einem Lehmstrich versehen, die linke Tenne hatte einen Dielenboden, der vorn und hinten von Sandsteinplatten begrenzt war. Diese Anordnung läßt den Schluß zu, daß sich hier ursprünglich der Dreschboden befand.

Die Scheune im Museum

Durch die gegenüber dem ursprünglichen Standort veränderte Geländesituation mußte die Stallzone etwas höher ausgeführt werden als vor Ort. Hier kam dem Museum entgegen, daß bei Reparaturarbeiten von den früheren Besitzern bereits zwei Reihen

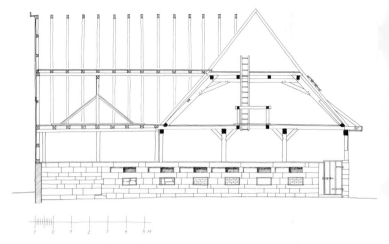

Querschnitt der Bauaufnahme

Ziegel zwischen der massiv gemauerten Stallwand und den darüberliegenden Fachwerk eingefügt wurden. Beim Wiederaufbau sind einige Schichten Ziegel mehr eingebaut worden, um die neue Höhendifferenz ausgleichen zu können.

Besonders im Holzwerk des Dachstuhles war die Scheune sehr schadhaft, so daß viele neue Hölzer, insbesondere Sparren, Pfetten und Rähme zum Einbau kamen. Da bei den großen Längen nicht in ausreichender Menge Altholz zur Verfügung stand, wurde das Ersatzholz aus neuen Stämmen im vorbildgerechtem Querschnitt in der alten Zimmermannstechnik des „Beilens" herausgearbeitet.

Die Scheune im Museum mit dem Schweinestallanbau aus Gaisbach

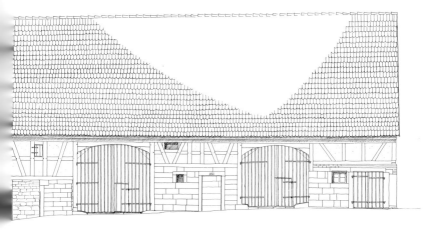

Ansicht der Bauaufnahme auf der Hofseite

Auf der rechten Giebelseite wurde ein kleiner, massiver Schweinestall mit einem Steinplattendach angebaut. Er stammt aus
Oberhofen bei Gaisbach.
Im Museum dient die Michelfelder Scheune vorrangig als Magazin und ist daher nur eingeschränkt zugänglich.

Gebäudedaten:

Länge × Breite: 21,80 × 10,90 m (mit Anbau 17,10 m)
Abbau: Herbst 1989, massive Bauteile zerlegt, alle Fachwerk-
wände und die Brettergiebel wandweise in Großteilen versetzt
Bauaufnahme verformungsgerecht im Maßstab 1:50: Göbel/Rei-
necke, Neumarkt-St. Veit
Dendrochronologische Untersuchung im Dachwerk des Erst-
baus: Winterfällung 1820/21, Lohrum/Bleyer, Ettenheimmünster
Wiederaufbau: 1989/90
Zeitstellung des Gebäudes innen wie außen: letzter Zustand vor
Ort, ohne kleine Anbauten

10c Scheune aus Hohensall, Stadt Forchtenberg, Hohenlohekreis

Diese kleine Scheune vertritt den etwas weniger häufigen Typ der „längsaufgeschlossenen" Scheune, bei der das Tennentor giebelseitig in das Gebäude führt. Die übliche Anordnung ist die sogenannte „Quereinfahrt", hier liegt die Tenne quer zum First und wird von der Traufseite aus erschlossen.

Die bescheidene Scheune aus Hohensall ist noch im 18. Jahrhundert erbaut worden, die dendrochronologische ergab als Baujahr 1781. Über eine besondere ursprüngliche Nutzung ist nichts bekannt, zum Anwesen Nr. 4 in Hohensall gehörten noch eine große Stallscheune, zwei Schuppen und natürlich ein Wohnhaus. Sicher schon seit mehreren Generationen wurde sie als Schafscheune genutzt, so wurde sie auch zuletzt bezeichnet. Der Schafstall war im ehemaligen Barn eingerichtet und erhielt eine eigene Tür nach außen. Einseitig angesetzt wurde zu einem späteren Zeitpunkt das Schleppdach. Freie Pfosten stützen es ab, im hinteren Bereich dient es als Remise für Wagen des Hofbesitzers und ist deshalb verbrettert.

Die ziegelgedeckten Klebedächer auf beiden Giebelseiten sind anderen Beispielen einheimischer Scheuern nachempfunden, sie waren in Hohensall nicht vorhanden. Bei diesem Gebäude wurde zum ersten Mal vom Hohenloher Freilandmuseum die Methode der Ganzteiltranslozierung durchgeführt. Beide Dachgiebel und beide Traufwände sind in einem Stück nach Wackershofen transportiert worden.

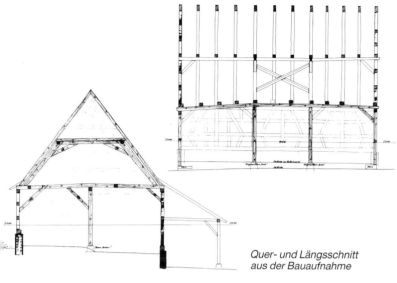

*Quer- und Längsschnitt
aus der Bauaufnahme*

Die längsaufgeschlossene Scheune noch am alten Standort

Gebäudedaten:

Länge × Breite (mit Anbau): 10,50 m × 11,60 m
Abbau: 1981, Giebeldreiecke und Längswände unzerlegt in ganzen Teilen
Bauaufnahme im Maßstab 1:25: Hochbauamt der Stadt Schwäbisch Hall
Dendrochronologische Bestimmung: 1781, Lohrum/Bleyer, Ettenheimmünster
Wiederaufbau: 1982, eröffnet seit 1983
Zeitstellung des Gebäudes: letzter benutzter Zustand, ca. 1950

10d Backhaus aus Stetten, Gemeinde Frankenhardt, Landkreis Schwäbisch Hall

Im Bauzustand von etwa 1820/30, so wie das Steigengasthaus sich jetzt im Museum präsentiert, besaß der dortige Hof zwischen Wohnhaus und Scheune ein Back- und Waschhaus. Da im Museum die verschiedensten Backofentypen vertreten sein sollen – im am alten Platz erhaltenen Weidnerhof (11a) oder im Wohn-Stall-Haus von 1887 (4a) ist der Backofen ins Erdgeschoß eingebaut, das Armenhaus besitzt einen freistehenden Backofen (6b), beim Handwerkerhaus aus Oberrot (5a) ist er angebaut, im Hof des Gasthauses „Roter Ochsen" ist er im Nebengebäude untergebracht – hat man sich entschlossen, das schon sehr frühzeitig angebotene Backhäuschen aus Stetten dem Steigengasthaus zuzuordnen.

Das Dach und die Seitenwände des aus dem letzten Jahrhundert stammenden Häuschens ragen über den eigentlichen Backofen etwas vor, um bei schlechter Witterung der Bäuerin Schutz beim Arbeiten zu geben.

Das Backhäuschen wurde nach dem Stettener Vorbild aufgebaut mit Ofengewölbe und den entsprechenden Zügen, so daß es im Museum wieder voll funktionsfähig ist. Besonders beim Backofenfest kommt es zu Ehren, der darin gebackene „Blootz" findet dann reißenden Absatz.

148

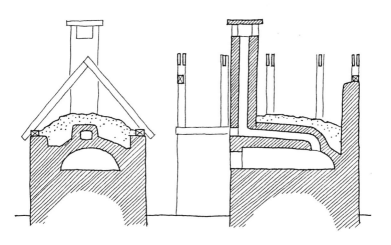

*Quer- und Längsschnitt im Maßstab
1:100, Ansicht und Grundriß im Ver-
gleichsmaßstab 1:200*

Der Backofen im Hof Holl in Stetten

Gebäudedaten:

Länge × Breite: 3,50 m × 2,15 m
Abbau: 1981, zerlegt in Einzelteile
Bauaufnahme im Maßstab 1:25: Städtisches Hochbauamt
Schwäbisch Hall, Gerhard Leibl
Wiederaufbau: 1982
Zeitstellung: um 1900

149

10e Kegelbahn aus Bieringen,
Gemeinde Schöntal, Hohenlohekreis

Kegelbahnen oder – wie in den Akten des 19. Jahrhunderts meistens bezeichnet – „Kugelbahnen" haben ihre Hochblüte in der zweiten Hälfte des letzten Jahrhunderts. Um 1900 hatte dann nahezu jeder Landgasthof für das beliebte Sonntagsvergnügen seine eigene hölzerne und überdachte Bahn im Hof oder in einem etwas weiter entfernten Garten. Zu einer Kegelbahn gehört eine „Schankhalle" oder „Trinkpavillon" am Kopfende, wo man sich zum Biertrinken niederließ. Am Schluß der Bahn sind als Prallwand dicke Bohlen zwischen die Pfosten gestellt. Daneben, in einer kleinen Nische, kann sich beim Wurf der Kegeljunge vor der Kugel zurückziehen.

Die Kegelbahn des Steigengasthauses stammt aus Bieringen an der Jagst, sie stand dort hinter dem Gasthof Beck und mußte einer Straßenverbreiterung geopfert werden. Das Baualter der einfach gezimmerten Kegelbahn ist nicht bekannt, Konstruktion und Aussehen lassen eine Entstehung um 1910/20 vermuten.

Die stillgelegte Kegelbahn in Bieringen

Auch die alten Kegel gelangten mit nach Wackershofen, im Hintergrund die alte Prallwand für die Kugel

Gebäudedaten:

Länge × Breite: 17,50 m × 3,30 m
Abbau: 1982, zerlegt in Einzelteile
Wiederaufbau: 1983
Zeitstellung: um 1920

11a Wohn-Stall-Haus des Weidnerhofes, am alten Standort in Wackershofen erhalten

Etwas abseits von der Baugruppe „Hohenloher Dorf" liegt der Weidnerhof, das einzige nicht translozierte Ensemble. Der Weidnerhof gehört zum Dorf Wackershofen selber und blieb an Ort und Stelle, „in situ", erhalten. Er wurde vom Museum 1979 übernommen und danach in den Zustand um 1850 zurückrekonstruiert. Hier im Weidnerhof befand sich, bevor das Gasthaus mit dem Kassenraum eröffnet wurde, von 1983 bis 85 der Eingang ins Hohenloher Freilandmuseum. Von der ursprünglichen Konzeption – Ausstellungs- und Veranstaltungszentrum zu sein – wurde, bedingt durch die Umstellung der Eingangssituation, wieder Abstand genommen. Heute ist der Hof ein wichtiger Funktionsbau für den Betrieb des Museums geworden, in zwei der drei Scheunen sind notwendige Werkstätten und Lagerräume untergebracht, in der größeren Scheune befinden sich WC-Anlagen und der Vortragsraum für Veranstaltungen außerhalb der üblichen Museumsöffnungszeiten. Das Wohnhaus dient als Lern- und Spielhof seit 1991 museumspädagogischen Aktivitäten.

Bau- und Besitzergeschichte des Wohnhauses

Obwohl man meinen könnte, der Weidnerhof sei mit Erbauung des jetzigen Wohn-Stall-Hauses vor 150 Jahren am Rande von Wackershofen damals neu erstanden, hat diese Hofstelle eine

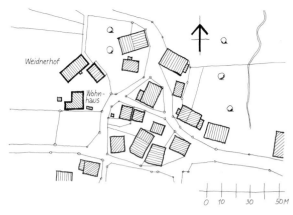

Lageplan vom westlichen Ortsrand Wackershofens 1828 mit dem Vorgängerbau des heutigen Wohnhauses

Hofansicht im Zustand vor dem Umbau 1979

wesentliche ältere Geschichte. Erstmals urkundlich erwähnt wird der Hof um 1665, als Hanns Schultheiß das Anwesen von seiner Mutter kaufte. Als das große zweistöckige Wohn-Stall-Haus 1838 neu gebaut wurde, war Georg Franz Weidner der Besitzer der Hofstelle. Dieser Neubau von 1838 folgte großteils den damals üblichen Vorstellungen von einem größeren Bauernhaus im Hohenlohischen. Das Erdgeschoß wurde aus Sandsteinquadern errichtet, sein Inneres beherbergt die Ställe und die Waschküche mit dem Backofen. Links des Eingangs lag der große Rinderstall, vermutlich mit kleinem abgetrennten Schweineabteil, rechts des Flurs der Pferdestall mit dem dahinter angeordneten Wirtschaftsraum mit Waschkessel, Backofen und Brennerei. Unter dieser Zone wurde auch der große, gewölbte Keller eingebaut.

153

Baugruppe „Hohenloher Dorf"

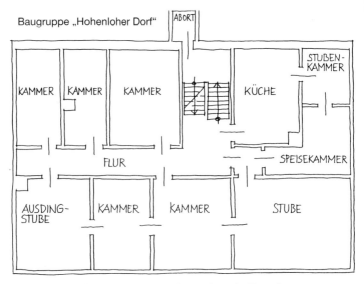

Grundriß des Obergeschosses im Zustand vor der Renovierung

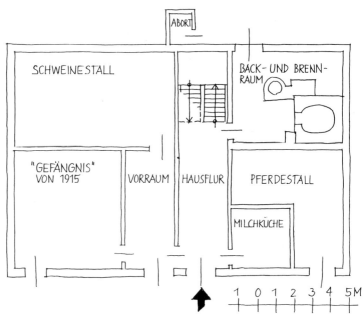

Grundriß des Erdgeschosses im Zustand vor der Renovierung

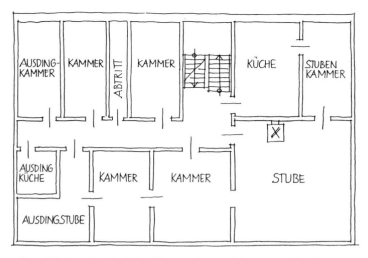

Grundriß des rekonstruierten Obergeschosses (Museumszustand)

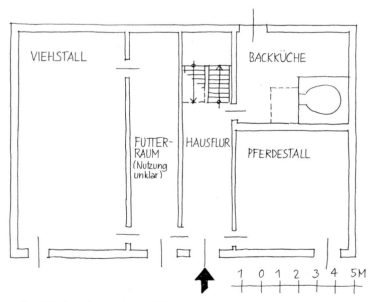

Grundriß des rekonstruierten Erdgeschosses (Museumszustand)

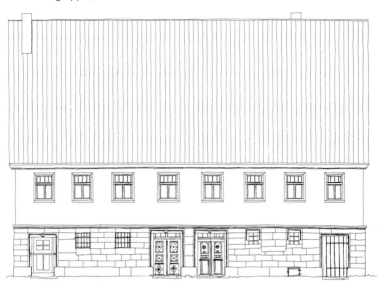

Ansicht der Hofseite vor dem Umbau 1979

Hinter dem sichtbaren Fachwerk des Obergeschosses sind die Wohnräume der Familie und des Gesindes untergebracht. Über dem Pferdestall liegt die große, niedrige Wohnstube. Ihr zugeordnet sind nach traditionellem Schema die Stubenkammer und, über eine kurze gemeinsame Wand mit der Stube verbunden, die Küche, die der rückseitigen Traufseite zugewandt ist. Am Längsflur aufgereiht sind hofseitig die Schlafkammer und die Ausdingstube für die Altbauern, rückseitig zum Garten zu Mägdekammer, Abort und Treppe.

Abweichend von den sonst in dieser Zeit gebauten Wohnhäusern sind die vier Türen des Erdgeschosses auf der Hofseite. Allge-

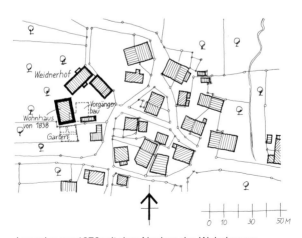

Lageplan um 1870 mit dem Neubau des Wohnhauses

Ansicht der Hofseite, Rekonstruktionsvorschlag

mein üblich sind drei Türen, wovon die mittlere als Haustür im Regelfall baulich ausgeschmückt und betont wird. Hier beim Weidnerhof führen zwei gleich gestaltete, nebeneinanderliegende, zweiflügelige Türen in das Haus, die rechte in einen Querflur, der über die rückwärts angeordnete Treppe ins Wohngeschoß führt, die linke erschließt ebenfalls einen haustiefen Querflur, dessen Funktion unklar bleibt. Nur als Futtergang oder Futterraum allein für den Viehstall kann er wegen seiner repräsentativen und breiten Anordnung kaum angelegt worden sein.

Die Küche im Weidnerhaus, wie sie 1979 vorgefunden wurde

157

Friedrich Hartmann, der Besitzer des Weidnerhofes um 1880 (Vorlage und Aufnahme: Hauptstaatsarchiv Stuttgart)

Zur Bauzeit 1838 war nach den erfolgten Bauuntersuchungen nur die Stube verputzt, Flur und Kammern zeigten demnach sichtbares, grau gestrichenes Fachwerk mit gelblich gehaltenen Putzflächen. Die Küche war in einem satten Eisenoxydrot gehalten. Geheizt wurde die Stube von der Küche aus, hier stand ein gußeiserner Kastenofen.

Dieses Haus übernahm schon wenige Jahre später Friedrich Hartmann, der es wiederum mit dem ganzen Hof an seinen gleichnamigen Neffen aus Gschlachtenbretzingen bei Michelbach/Bilz 1865 überschrieb. Dieser jüngere Friedrich Hartmann (1841–1901) spielte jahrzehntelang eine herausragende Rolle nicht nur in seiner Gemeinde Gailenkirchen. Er wurde 1891 als Mitglied der Liberalen Volkspartei zum Reichstagsabgeordneten für die Bezirke Backnang, Hall, Öhringen und Weinsberg in den Berliner Reichstag gewählt und 1895 zusätzlich in den Stuttgarter Landtag, dem er fünf Jahre lang angehörte.

Wie stark Friedrich Hartmann dabei seinen eigenen Hof modernisierte und umbaute, läßt sich eher vermuten als nachweisen. Belegt von ihm ist nur der Anbau eines Göpelschuppens an die Scheune 1870 und die Verlängerung der kleinen, dem Wohnhaus gegenüberliegenden Scheune zum Dorf hin. Um Zeit für seine politische Betätigung zu finden, verkauft er 1891 den Weidnerhof an seinen Schwiegersohn Paul Mäule. Unter ihm wurden am Wohnhaus etliche bauliche Veränderungen durchgeführt. Es erhielt neue Fenster und vermutlich auch den Verputz auf dem Sichtfachwerk. Die Ausdingküche wurde zugunsten einer größeren Stube eliminiert, und 1915 wurde nach dem Einbau des großen Viehstalles in die Scheune ein geschlossener Raum für französische Kriegsgefangene, die bei der Landarbeit helfen mußten, vom ehemaligen Stallraum abgezweigt.

Der erhaltene Kaufvertrag von 1891 zwischen Friedrich Hartmann und seiner Ehefrau Rosine einerseits und ihrer Tochter Rosine und deren Bräutigam Paul Mäule andererseits erlaubt einen interessanten Einblick in den Viehbestand eines großen Hofes vor hundert Jahren. „Gutsbesitzer" Hartmann besaß demnach 3 Pferde, 15 Kühe, Rinder und Kälber, 6 Schweine, 4 Gänse, 30 Hühner mit 1 Hahn und 1 Pfau.

Die besondere Aufgabe des Weidnerhauses im Museum

Das Haus, so wie es sich heute darstellt, ist eine sachgerechte Rückführung in einen meist ursprünglichen Zustand. Bauliche Störungen der jüngeren Zeit im Stallbereich wurden entfernt, das Fachwerk freigelegt und ergänzt. Insbesondere wurden dabei die verzierten Eck- und Mittelpfosten, die wegen des späteren Verputzens abgebeilt wurden, wieder nachgeschnitzt, Türen in die originale Lage zurückverlegt, die Ausdingküche rekonstruiert und neben weiteren Maßnahmen die beiden kleinen Krüppelwalme nach Befund nachgebaut.

Nach vorübergehender Nutzung als Ausstellungsraum dient das Wohnhaus nun hauptsächlich der museumspädagogischen Arbeit. In den vielen abgeschlossenen Räumen des großen Hauses können nebeneinander die verschiedensten Aktivitäten stattfinden. Hier können nach vorheriger Anmeldung typische Arbeiten der früheren Generationen an Originalstücken nachgebauten Geräten erfahren werden, so z. B. die häuslichen Tätigkeiten Weben, Spinnen, Backen, Kochen und Waschen oder viele landwirtschaftliche Arbeiten. Hinzu kommen handwerkliche Übungen zum Schablonieren, zur Zimmermanns- oder zur Töpferarbeit. Diese Aktivitäten wurden bewußt auf ein Gebäude am Rande des Museumsgeländes konzentriert, um die Baugruppen mit deren historischen Umfeld zu entlasten und eine Abnutzung der vielen dort vorhandenen originalen Geräte zu vermeiden. Trotz dieser Nutzung als „Lern- und Spielhof" ist das Wohnhaus historisch korrekt ausgestattet. Der Hauptwohnbereich im Obergeschoß mit Stube, Stubenkammer und Küche vollzieht die Zeit von 1870 bis 1890 nach, als hier der spätere Reichstagsabgeordnete Friedrich Hartmann mit seiner Familie gelebt hat. Es ist die wohl für den Weidnerhof bedeutendste Zeitepoche, die hier mit Einrichtung und Text dokumentiert wird.

Gebäudedaten:

Länge × Breite: 18,70 m × 12,30 m
Bauaufnahme der Fassaden im Maßstab 1:50: Rolf Neddermann, Ulrich Müller und Evelin Titz
Farbuntersuchung: Württembergisches Landesmuseum
Bauarbeiten: 1979–1981
Zeitstellung: außen 1840, innen um 1880

Literatur:

Heinrich Mehl, Renschlerhof, in: Mitteilungen des Hohenloher Freilandmuseums Nr. 1, 1980, S. 68–78
Heinrich Mehl, Rekonstruktionsbericht Weidnerhof, in: Mitteilungen des Hohenloher Freilandmuseums Nr. 2, 1981
Hans P. Müller; Friedrich Hartmann aus Schwäbisch Hall-Wackershofen, in: Württembergisch Franken, Band 75, Schwäbisch Hall 1991

11b-f Die Nebengebäude des Weidnerhofes

Als das Wohnhaus 1838 neu erbaut wurde, besaß der Hof schon laut Urkatasterplan zwei Scheunen. Über das Baudatum der großen Scheune (11b), heute Vortragsraum, früher Stall und Scheune in einem, ist nichts bekannt. Sie erhielt ihren Steingiebel sicherlich in Zusammenhang mit dem nahen Wohnhausneubau als Brandwand. 1870 werden beide rechtwinklig zueinander stehenden Scheunen zusammengebaut und ein offener Göpelschuppen auf der Hofseite geplant. Unter Paul Mäule wird 1906 die Scheune auf der Gartenseite um vier Meter durchgängig verbreitert und in ihrem baulichen Aussehen stark verändert. Als der Hof unter die Obhut des Museums gelangt, führt es diese große Stallscheune in einen älteren Zustand vom Äußeren her zurück. Das Innere wird entkernt und zum großen heizbaren Veranstaltungsraum ausgebaut. Dabei fällt auch der Zwischenbau zur etwas kleineren Scheune.

Dieses dem Wohnhaus gegenüberstehende Gebäude (11c) ist 1822 neu errichtet worden als dreizonige Scheune mit mittlerer Tenne und zwei seitlichen Barn. 1886 wurde sie zum Dorf hin verlängert. Heute befinden sich darin Magazin, Werkstatt und Heizung. Das Äußere ist rekonstruiert.

Auf der anderen Seite des Hofes steht ein Remisengebäude über Eck (11d) im Bauzustand gegen Ende des 19. Jahrhunderts.

An der Obstbaumwiese hinter dem Wohnhaus wurde ab 1982 ein Hausgarten nach dem Vorbild des Gartens des ehemaligen Gasthauses „Adler" in Kocherstetten nachgestaltet. Die Sandsteinpfosten des Gartens stammen aus Eckertsweiler von einem auf-

gelassenen Hausgarten, der Gartenpavillon (11e) aus Mangoldsall. Die Gartenfläche ist in vier etwa gleich große Beete aufgeteilt,
mit Buchsbaum eingefaßt und in der Mitte durch das Rondell betont. Im Museum wurden die Wege etwas breiter angelegt, damit
die einzelnen Pflanzen – Gemüse, Beerenobst, Kräuter und Blu-
men – von den Besuchern besser betrachtet werden können.

Auf der anderen Seite der Baumwiese, schon auf der Grenze zum
Gasthof „Ochsen", versteckt sich unter vier großen, alten Kasta-
nien und Ahornbäumen eine eiserne Gartenlaube (11f). An diesen
Platz soll vor hundert Jahren ein Gartenhaus gestanden sein, in
dem Friedrich Hartmann im Sommer seine Reden für den Land-
und Reichstag geschrieben haben soll. Die jetzige Laube hatte ursprünglich in Schwäbisch Hall ihren alten Standort und wurde
1990 an den jetzigen, verschwiegenen Ort ins Freilandmuseum
versetzt.

*Hofansicht des Weidnerhofes, die Scheune vor der Rekonstruktion im
Zustand von etwa 1900, Aufnahme 1979*

*Der neuangelegte Garten des Weidnerhofes, im Vordergrund die Garten-
laube aus Mangoldsall (11e)*

20a Winzerhaus aus Sachsenflur, Stadt Lauda-Königshofen, Main-Tauber-Kreis

Als erstes Gebäude der Baugruppe „Weinlandschaft" entstand ein kleines, einstöckiges Wohnhaus. Es stammt aus den ehemalig badischen Landesteilen des Main-Tauber-Kreises, aus dem Dorf Sachsenflur. Dieser Ort im unteren Umpfertal liegt im Übergangsgebiet zwischen dem von Weinbau geprägten Taubergrund im Osten und dem Bauland mit seiner dominierenden Landwirtschaft im Westen. Der Weinbau in Sachsenflur wurde stets in Verbindung mit dem Anbau von Feldfrüchten betrieben. Im Dorf reihen sich die Häuser hauptsächlich an der Hauptstraße entlang und stehen großteils giebelständig. Sie haben durchweg große Keller für die Lagerung des Weins. Im Regelfall sind die Scheunen quer zum Wohnhaus als Abschluß des Hofes errichtet, vorne zur Straße zu war ein niedriges Hoftor mit Fußgängerpförtchen angebracht. Durch die hier übliche Realteilung sind die ursprünglichen Hofanlagen fast völlig verschwunden, auch unser Haus war einmal im Besitz von drei Familien.

Haus des 16. Jahrhunderts

Bei seiner Entdeckung durch das Hohenloher Freilandmuseum war das Haus vom Einsturz bedroht und seit Jahren unbewohnt. Ein Vorbesitzer hatte sich mit der Renovierung übernommen und

eine halbe Ruine ohne Fenster und herausgeschlagenen Innen-
wänden hinterlassen. Das Fachwerkhaus zeigte sich vor Ort als
ein Doppelwohnhaus, dessen Einteilung mit je zwei Stuben, Kü-
chen und Kammern einer baulichen Veränderung um 1900 zu verdanken war. Im Grunde stammen aber das tragende Gerüst, der
gesamte Dachstuhl sowie der große gewölbte Keller aus dem 16.
Jahrhundert. Wie die dendrochronologische Untersuchung (Jahr-
ring-Analyse) des verbauten Holzes ergab, wurde das Haus im
Jahr 1562 neu erbaut.

Das Sachsenflurer Haus im Jahr 1978 am alten Standort (Aufnahme Lutz)

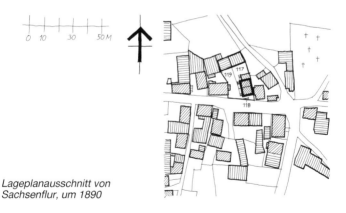

*Lageplanausschnitt von
Sachsenflur, um 1890*

Der bauliche Zustand dieses Ursprungsbaus konnte weitgehend
rekonstruiert werden, er war als „Einfamilienhaus" konzipiert mit
der großen Stube im Hauseck, der dazugehörenden Stubenkammer und der zwischen beiden Räumen hineingeschobenen Küche, die vom traufseitig angelegten Flur zugänglich ist. Die linke
Zone hat zwei Kammern beherbergt, wovon eine eventuell der
Stall gewesen ist.

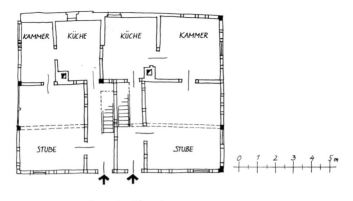

■ Erhaltene Ständer des Ursprungsbaus

Grundriß des Erdgeschosses im letzten Zustand in Sachsenflur

Die Holzkonstruktion zeigt typische Merkmale des süddeutschen Fachwerkbaus des 16. Jahrhunderts mit den weiten Ständerstellungen, den geschoßhohen Streben, die mit ihrem oberen Ende direkt an die senkrechten Pfosten angelehnt sind und mit der Verzapfung bei den Holzverbindungen. Die Außen- und Innenwände sind im allgemeinen mit Lehmflechtwerk ausgefacht, nur der Dachgiebel auf der Straßenseite war von Anfang an mit Bruchsteinen geschlossen. Die beiden Außenwände der Stube weisen eine besondere Konstruktion auf. Aufgrund der wenigen Befunde muß man davon ausgehen, daß diese Wände mit senkrecht eingestellten Dielen zwischen den Balken gefüllt wurden, die auf der Außenseite einen dicken Lehmschlag erhielten, auf der Innenseite aber sichtbar blieben. Im Gegensatz zu den Häusern Hohenlohe-Frankens mit ihren hölzernen Spunddecken ist die Stubendecke im Sachsenflurer Haus ganz einfach als Holzbalkendecke mit dazwischengeschobenen Lehmwickeln ausgeführt. In der Deckenbalkenanlage über der Küche hat sich der ursprüngliche, aufgesetzte weite Kamin in Spuren erhalten; seine verengende Führung bis in die obere Bühne in Fachwerkkonstruktion konnte sicher nachgewiesen werden.

Wiederaufbau im Museum

Da das Erdgeschoß in großen Bereichen schon vor Ort zerstört war, mußte in jedem Fall – ob man nun den älteren oder den letzten Zustand zeigen will – viel ergänzt werden. Die Untersuchungen am Holzgefüge ließen den baulichen Zustand des Ursprungsbaus von 1562 weitgehend erkennbar werden. So wurde mit gutem Grund beschlossen, das erste Mal im Museum ein Wohnhaus nach Befund unter größtmöglicher Verwendung der vorhandenen Hölzer zu rekonstruieren und in den ursprünglichen Bauzustand zurückzuführen. Lage und Größe der Fenster und Türen, von

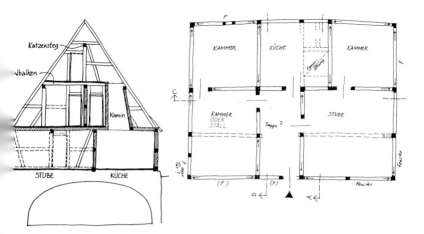

Katzensteg

Jbalken

Kamin

STUBE   KÜCHE

EGENDE :
▨ Lehmflechtwand oder Lehmwickeldecke
═ Balken des Ursprungsbaus vorhanden
--- Balken des Ursprungsbaus sicher rekonstruiert
⋯ Balken des Ursprungsbaus vermutet

Rekonstruierter Grundriß und
Querschnitt des Ursprungsbaus
von 1561

Grundriß:
KAMMER   KÜCHE   KAMMER

KAMMER
ODER
STALL   Treppe ?   STUBE

Perspektivische Ansichtszeichnung mit Eintragung der beim Abbau noch erhaltenen Originalhölzer vom Ursprungsbau (grau unterlegt)

165

Im Inneren ist das Gebäude im Museum teilweise aufgeschnitten, um die Konstruktion eines historischen Fachwerkbaus zeigen zu können

Treppe und Kamin konnten gesichert festgelegt werden. Die Fenster und Türen wurden nach anderen Beispielen aus dem 16. Jahrhundert frei rekonstruiert, da keine Teile mehr auf ihr ursprüngliches Aussehen hinwiesen. Restliche Farbbefunde im Dachboden und am Straßengiebel gaben Hinweise auf die ursprüngliche Farbfassung in Rotbraun mit schwarzem Begleitstrich.

Der Umstand, daß dieses Haus aus dem 16. Jahrhundert gar nicht mehr im originalen, zeittypischen Zustand eingerichtet werden kann – unsere Kenntnisse über das Mobiliar eines Bauernhauses

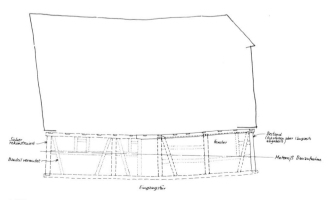

aus dieser Zeit sind äußerst gering – verhalf dem Hohenloher Freilandmuseum zu einer neuartigen Konzeption: das Sachsenflurer Haus wird zu einem sprechenden Architekturdenkmal, das alte Bauformen, Techniken und Materialien dem Besucher verdeutlichen will. Aufgeschnittenes Gewölbe und geöffnete Wände mit den Lehmflechtwänden und der Lehmwickeldecke zeigen auch ohne große textliche Erläuterung den Werdegang beim Bauen eines solchen Gebäudes. Zusätzliches Bild- und Schriftmaterial kommentiert Konstruktion und Geschichte des Hauses für den bautechnisch interessierten Besucher.

Gebäudedaten:

Länge × Breite: 11,0 m × 8,30 m
Abbau: 1986, zerlegt in Einzelteile
Bauaufnahme: verformungsgerecht im Maßstab 1:25: Göbel/Reinecke, Neumarkt-St. Veit
Farb- und Putzuntersuchung: Ernst Stock, Schwäbisch Hall
Dendrochronologische Bestimmung: 1561/62, Lohrum/Bleyer, Ettenheimmünster
Wiederaufbau: 1986–88, eröffnet seit der Museumssaison 1989
Zeitstellung des Gebäudes: 2. Hälfte 16. Jahrhundert
Rekonstruktion der Fenster, Läden und Türen: Rolf Hekeler, Beuren

Literatur:

Mitteilungen des Hohenloher Freilandmuseums Nr. 8, 1987, mit folgenden Aufsätzen:
Rolf Lutz, Zu Geschichte und Dorfbild von Sachsenflur.
Heinrich Mehl, Ein Winzerhaus aus Sachsenflur im Hohenloher Freilandmuseum.
Albrecht Bedal, Das Winzerhaus Sachsenflur, ein bemerkenswerter Bau des 16. Jahrhunderts.

Werner Sasse, Freilandmuseum und die Präsentation kulturhistorischer Sachverhalte, in: Museumsblatt 4, 1991, herausgegeben von der Landesstelle für Museumsbetreuung in Zusammenarbeit mit dem Museumsverband Baden Württemberg

Werner Sasse, Ein sprechendes Architekturdenkmal, Kleine Schriften des Hohenloher Freilandmuseums Nr. 4, 1991.

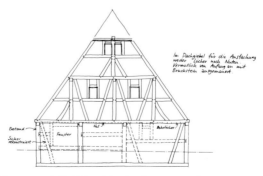

Rekonstruierte Längen- und Giebelansicht des Baus von 1561

21 b Scheune aus Klepsau, Gemeinde Dörzbach, Hohenlohekreis

Charakteristisch für die Weinorte ist deren enge Ortslage, die nicht immer die üblichen Hofanlagen mit rückwärtiger, querstehender Scheune zuläßt. So kommt es nicht selten vor, daß eine längsaufgeschlossene Scheune, also mit der Tenneneinfahrt im Giebel, direkt an die Ortsstraße gebaut wird. Eine solche Scheune wurde vom Museum in Klepsau entdeckt. Bei der üblichen Untersuchung ergab sich, daß es sich dabei um eine sehr alte Scheune aus Eichenholz mit Lehmflechtwänden handelt, in die später ein balkenüberdeckter Keller mit gesondertem Zugang von der Straße aus eingebaut wurde. Erbaut wurde die Scheune 1514, ein sehr frühes Datum für diese Art der Fachwerkkonstruktion. Sie ist damit das bisher älteste Gebäude im Hohenloher Freilandmuseum.

Beim Wiederaufbau wurde lediglich der rückwärtige, junge Wandabschluß nach dem Vorbild des vorderen Giebels rekonstruiert. Es ist deutlich zu erkennen, daß die ursprüngliche Schwellenlage nachträglich erhöht wurde, da die Schwellen durch die aufsteigende Feuchtigkeit verfault waren.

Rechts neben dieser Scheune wird eines Tages ein dazugehöriges Wohn-Stall-Haus aus der Region des Jagsttales erstellt werden.

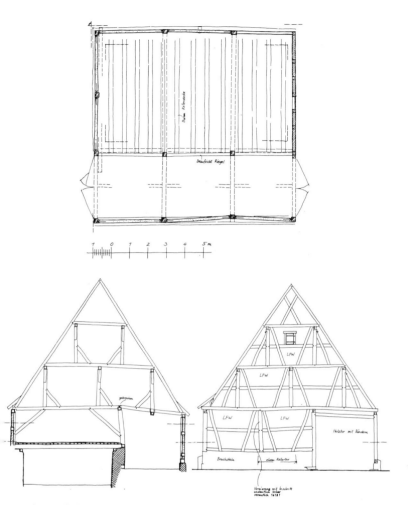

Grundriß, Querschnitt und Ansicht aus der Bauaufnahme

Gebäudedaten:

Länge × Breite: 11 m × 10 m
Abbau: 1988, Straßengiebel in ganzen Wandteilen transloziert, sonst zerlegt in Einzelteile
Bauaufnahme verformungsgerecht im Maßstab 1:50: Städtisches Hochbauamt Schwäbisch Hall, Albrecht Bedal
Dendrochronologische Datierung der Innenstützen: 1513/14, Lohrum/Bleyer, Ettenheimmünster
Wiederaufbau: 1989/90
Zeitstellung des Gebäudes: Zustand um 1900 mit Rekonstruktion des Rückgiebels und des Kellertores

22a Wohn-Stall-Haus aus Verrenberg, Stadt Öhringen, Hohenlohekreis

Am südöstlichen Ortsrand steht im bekannten Weinbauort Verrenberg ein eingeschossiges, massives barockes Haus parallel zur Straße. Entgegen dem sonst hier üblichen Haustyp mit der giebelseitigen Ausrichtung und dem gestelztem Wohngeschoß über dem großen und hohen Keller ist dieses Haus nahezu ebenerdig erschlossen. Über dem Kellerbogen ist es inschriftlich „1717" datiert; das heutige Aussehen mit den leicht unterschiedlichen Fenstern, dem gemauerten Giebel und der deutlich erkennbaren Verlängerung haben mehrere nachfolgende Generationen geformt.

Kleiner Abriß der Hausgeschichte

Noch konnte vom Museum die Haus- und Baugeschichte dieses interessanten Gebäudes nicht vollständig erfaßt werden. Jedoch bestätigen die ersten Nachforschungen nicht die ursprünglichen Vermutungen, das Haus selber sei wesentlich älter als die Datierung im Kellerbogen. Eine erhaltene Karte der Gemarkung Verrenberg von etwa 1680 verzeichnet unser Haus noch nicht. Auch die Jahrringuntersuchung des verwendeten Bauholzes ergibt kein älteres Baudatum, 1712/13 wurde das Holz des Kernbaus gefällt, mit dem Baubeginn ist also 1713 zu rechnen.

Seit Ende des 18. Jahrhunderts ist das Anwesen nachweislich über fünf Generationen bis in die Gegenwart hinein im Familienbesitz der Bort. Die Bort werden anfänglich als „Söldner", später als „Bauern" in den Registern geführt. Johann Michael Bort (1770–1852) übernahm den Hof 1794. Er wird als Schultheiß in Verrenberg genannt.

Im Hausgrundriß kann man deutlich den ursprünglichen Bau von 1713 ausmachen, die Verlängerung auf der Giebelseite der Stube muß noch irgendwann im Laufe des 18. Jahrhunderts ausgeführt worden sein. Stube, Küche und Stubenkammer liegen in der für unsere Region typischen Zuordnung nebeneinander, nur der Anbau hat diese Situation etwas verunklart. Der rückwärtige Hausteil ist mehrmals baulich verändert worden, vermutlich befand sich hier anfänglich der Stall im Erdgeschoß. Als wie üblich im Laufe des 19. Jahrhunderts sich auch bei Borts der Wohnbedarf vermehrte – vielleicht für einen standesgemäßen Austrag – schuf man darunter für den Stall einen neuen, niedrigen Raum neben dem großen gewölbten Keller.

Das Wohnhaus in einer historischen Aufnahme von ca. 1920, rechts ist noch die 1980 abgerissene Scheune zu erkennen

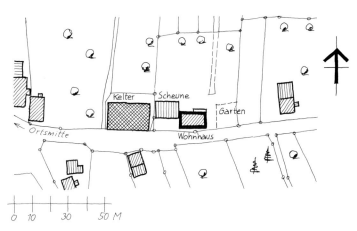

Lageplanausschnitt von Verrenberg nach dem Urkataster von 1830

171

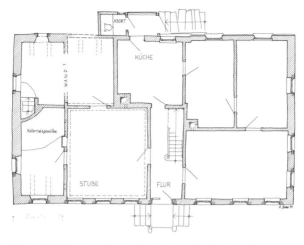

Grundriß Erdgeschoß, gezeichnet nach der Bauaufnahme

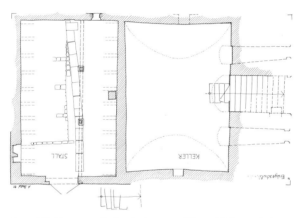

*Grundriß Untergeschoß mit dem gewölbten Keller und dem später ein-
gebauten Stall*

Ansicht des steinernen Westgiebels, gezeichnet nach der Bauaufnahme

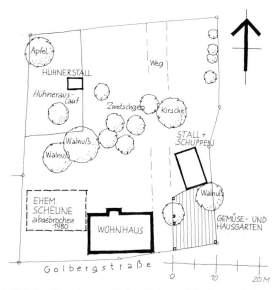

Das Hofgrundstück in Verrenberg mit den Nebengebäuden und dem Hausgarten sowie den verschiedenen Nutzbäumen

Ende des 19. Jahrhunderts bewirtschafteten die Borts etwa 1,5 ha Wiesen, ebensoviel Äcker und 18 ar Rebfläche, zusätzlich 3 ha Wald. Der Weinbau war damals nicht vorrangig, er diente hauptsächlich der Eigenversorgung, nur wenige hundert Liter wurden nach Öhringen weiterverkauft. An Sorten wurden in Verrenberg in der ersten Hälfte unseres Jahrhunderts vor allem Riesling und Sylvaner angebaut, daneben etwas Lemberger-Trauben. Als 1938 gegenüber eine neue Stall-Scheune entstand, wurde der enge Stall im Untergeschoß aufgegeben. Seit das Anwesen von 1978 an leerstand, verfiel es immer mehr. Schon 1980 wurde die parallel neben dem Haus stehende alte Scheune abgebrochen, das Haus selber wird jetzt elf Jahre später vom Freilandmuseum abgebaut und wenigstens kann damit dieses kulturgeschichtlich bedeutsame Haus der Nachwelt erhalten werden.

Gebäudedaten:

Länge × Breite: 15.30 m × 9.00 m
Abbau: 1991, einige Wandbereiche in Großelementen, sonst zerlegt in Einzelteile
Bauaufnahme verformungsgerecht im Maßstab 1:25: Hansjörg Stein, Schwäbisch Hall
Farb- und Putzuntersuchung: Annette Bischof, Schwäbisch Hall
Dendrochronologische Auswertung: Lohrum/Bleyer, Ettenheimmünster
Archäologische Untersuchung: Schaetz/Bönsch, Vörstetten
Wiederaufbau: ab 1992

22b   Stall-Scheune aus Möhrig, Stadt Öhringen, Hohenlohekreis

Dem Wengerterhaus aus Verrenberg war eine Stall-Scheune mit Quereinfahrt zugeordnet. Ein von den Ausmaßen ähnliches Gebäude ist die Stall-Scheune aus Möhrig, nur wenige Kilometer von Verrenberg entfernt. Sie wurde 1764 als Scheune der Möhriger Mühle mit massiv gemauerten Umfassungswänden errichtet und besaß damals links und rechts der Tenne je einen Barn. Mit der Ausbreitung der Stallfütterung wurde in der 2. Hälfte des 19. Jahrhunderts im linken Barn ein Viehstall eingebaut, eine typische bauliche Veränderung in dieser Zeit. Zu diesem Umbau gehören der Einbau einer massiven Trennwand mit Futterklappen, einer Stelldecke und vermutlich eines Türgewände auf der der Straße zugewandten Seite. Bei dieser Maßnahme wurde ebenfalls die rückwärtige Tennenausfahrt geschlossen. Bis dahin war das Gebäude eine Durchfahrtscheune. Noch heute, nach der Versetzung, sind die beiden eingemauerten Eisenbänder zu sehen, die einmal die dortigen Tore hielten. Bemerkenswert an der Scheune ist das etwa 2,40 m auskragende Vordach. Es ist nicht, wie man annehmen möchte, eine spätere Zutat, sondern muß aus der Bauzeit von 1764 stammen. Alle Dachbalken laufen durch und sind nicht gestückelt, selbst die Binderbalken sind in dieser Länge von Anfang an original eingebaut. Nur die angeschleppten Sparren sind jünger, sie dürften um die Jahrhundertwende erneuert worden sein.

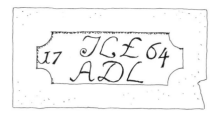

Eckstein im Mauerverband mit inschriftlicher Datierung

Die Scheune beim Abbau im Herbst 1990, im Hintergrund das Mühlengebäude

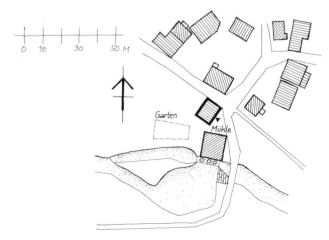

Lageplan der Mühle in Möhrig nach dem Urkataster 1830

175

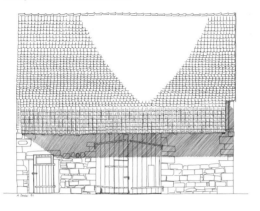

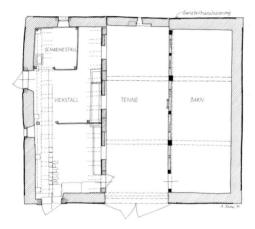

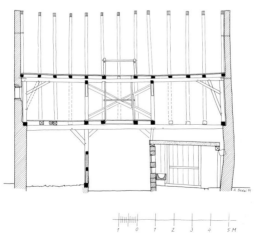

Ansicht, Grundriß und Längsschnitt der Scheune

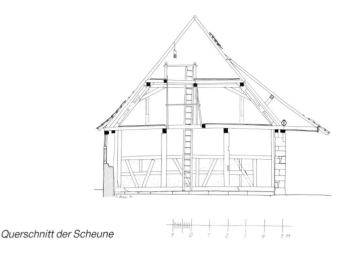

Querschnitt der Scheune

Die massiven Außenmauern wurden wandweise nach Wackershofen versetzt. Das Foto entstand bei der Zwischenlagerung auf dem Parkplatz.

Gebäudedaten:

Länge × Breite: 11,90 m × 9,90 m
Abbau: Winter 1990/91, Translozierung aller massiven Wände in ganzen Teilen
Bauaufnahme: verformungsgerecht im Maßstab 1:25: Hansjörg Stein, Schwäbisch Hall
Wiederaufbau: 1991
Zeitstellung des Gebäudes innen wie außen: letzter Zustand vor Ort, ohne Veränderungen.

30a Herrschaftliche Kelter aus Oberohrn, Gemeinde Pfedelbach, Hohenlohekreis

Am Beginn der Baugruppe „Weinlandschaft", etwas abseits des Weges unterhalb des Museumsweinbergs, liegt die „Gofmannskelter", die als herrschaftliche Bannkelter des Fürstlichen Hauses Hohenlohe-Öhringen vor Ort bei Oberohrn in einer landschaftlich vergleichbaren Lage stand. Die ältesten bisher aufgefundenen Dokumente erwähnen die Kelter schon 1663 (Renovatur des Amts Michelbach) und 1680 („Verzeichnis der Gebäude, Gärten, Söldgüter, Waldungen des Amtes Michelbach").
Nach der Zehntablösung wurde sie um 1850 Gemeindekelter, gelangte später in Privatbesitz und wurde in den letzten Jahren als Schafscheuer und zuletzt sogar nur noch als Abstellraum genutzt.

Baugeschichtliche Erkenntnisse

Das altertümliche Erscheinungsbild mit dem großen Vollwalmdach auf einem kaum mannshohen Steinsockel läßt an spätmittelalterliche Bauformen denken. Zwei gegenüberliegende Tore führen in die hohe Halle mit den neun freistehenden Stützen. Diese 4 m hohen Holzpfeiler tragen eine eigene Dachkonstruktion mit zwei liegenden Stühlen übereinander. An diesem „Kernbau", frei hineingestellt in das Sandsteingeviert, wurden die seitlichen, niedrigen Schiffe mit einem angeschleppten Dach angehängt.

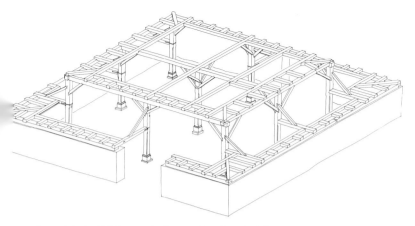

Isometrische Zeichnung der inneren Tragkonstruktion

Die Gofmannskelter am alten Standort zwischen Baierbach und Oberohrn

Obwohl auf den ersten Blick dieses hohe Innengerüst unabhängig vom Steinbau konstruiert erscheint, ist das gesamte Holzgefüge auf die Gesamtsituation mit den „Abseiten" abgestimmt. Die äußeren Einzelstützen haben bis zur Höhe der niedrig anschließenden waagerechten Balken über den Abseiten eine Abfasung, nur die Fasen der Mittelstütze reichen bis zum Ansatz der Kopfbüge hoch.

Interessant am Holzgefüge ist die gemischte Verwendung von Verblattung und Verzapfung bei den Holzverbindungen. Die typologisch ältere Verblattung, bei der die beiden zu verbindenen Hölzer übereinander gelegt und von jedem Stück etwas abgenom-

179

Innenansicht nach dem Wiederaufbau im Museum

men wird, damit die Oberflächen wieder bündig liegen, ist im Haller Umland schon um 1550 aufgegeben. Die dendrochronologische Datierung, also die Feststellung der Bauzeit über die Jahrringanalyse des verbauten Holzes, – die übrigens vom Hohenloher Freilandmuseum das erste Mal an diesem Gebäude durchgeführt wurde – ergab zwei Bauphasen, einmal um 1585 und dann wiederum 1718. Da nur kurze Hölzer aus der älteren Zeit stammen, die Innenstützen, die Balkenlage und der Schwellenkranz auf der Steinmauer aber ziemlich eindeutig auf die Bauzeit 1718 verweisen, muß davon ausgegangen werden, daß die Gofmannskelter unter teilweiser Wiederverwendung älterer Hölzer aus einem Vorgängerbau 1717/18 neu errichtet wurde. Dieses Baudatum wird zusätzlich belegt durch die Entdeckung mehrerer Dachziegel mit der Jahreszahl 1718 beim Abbau.

Um Platz für die zwei hier ehemals aufgestellten großen Kelterbäume zu schaffen, hat die Gofmannskelter keine durchgehende Dachbalkenlage. Nur bei den Bindern im Dachstuhl, den liegenden Stühlen, läuft als Zuganker ein Balken durch. Aber in der rückwärtigen Zone wurde selbst darauf noch verzichtet, damit hier keine Balken über den mächtigen Weinpressen bei der Arbeit stören.

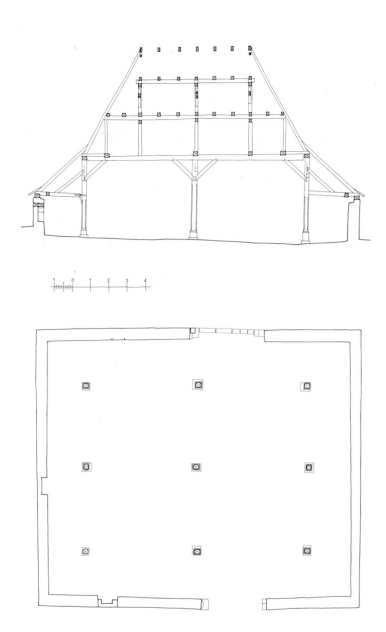

Grundriß und Längsschnitt der Bauaufnahme

181

Wiederaufbau im Museum

Im Zustand vor Ort besaß die Kelter einen einzigen, nicht unterteilten Raum. Allerdings konnte anhand von Zapflöchern und den eindeutigen Spuren in der Außenwand für eine Tür das sicher ursprünglich vorhandene Kelterstübchen, in dem die Kelterknechte ausruhen konnten, rekonstruiert werden. Nicht übernommen wurde die nachträgliche Erhöhung der niedrigen Einfahrtstore, die recht unfachmännisch angehoben wurden. So entspricht die jetzt in Wackershofen wiederaufgebaute Kelter dem ursprünglichen Bau von 1720.

Im Innern der Kelter sind zwei Baumkeltern aufgestellt, mehrere kleine Spindelpressen und die obligatorischen Fässer.

Gebäudedaten:

Länge × Breite: 17,70 m × 14,80 m
Abbau: 1981, zerlegt in Einzelteile
Bauaufnahme verformungsgerecht im Maßstab 1:50: Albrecht Bedal und Robert Crowell, Karlsruhe
Dendrochronologische Bestimmung: 1585 und 1718, Hans Tisje, Neu-Isenburg
Wiederaufbau: 1982
Zeitstellung: 18. Jahrhundert

Literatur:

Albrecht Bedal, Kelter Oberohrn und Scheune Obereppach. Zwei ländliche Nebengebäude aus Hohenlohe, in: Mitteilungen des Hohenloher Freilandmuseums Nr. 3, 1982

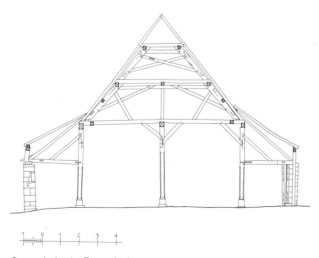

Querschnitt der Bauaufnahme

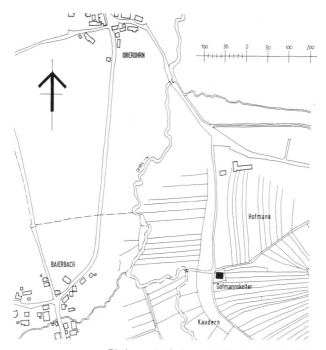

Die Lage der Gofmannskelter in der freien Flur

Detailaufnahme vom Dachstuhl vor dem Abbau 1981

30b Gemeindekelter aus Gagernberg, Stadt Beilstein, Landkreis Heilbronn

Bei den Keltern gab es früher die unterschiedlichsten Formen und Arten. Es waren private Keltern möglich, die mit kleinen Weinpressen auskamen; im württembergischen Gebiet waren aber hauptsächlich größere Gemeinde- oder Herrschaftskeltern üblich, die genügend Platz für die Baumkeltern boten.

Während die Gofmannskelter aus Oberohrn im Freilandmuseum den Typ des herrschaftlichen Keltergebäudes vertritt, zeigt das Museum mit dem kleinen Kelterhaus aus Gagernberg eine in Gemeindebesitz befindliche Einrichtung.

Vor Ort in Gagernberg stand die Kelter in der Ortsmitte. Sie mußte dort bei der Neugestaltung des Dorfplatzes „Platz machen". Über das genaue Alter des einfachen Fachwerkbaus ist bisher nichts bekannt geworden. Beim Abbau konnten deutlich zwei Bauphasen unterschieden werden, ursprünglich war die Kelter um etwa ein Drittel kürzer. Vom Fachwerkgefüge her zu beurteilen, wird die Kelter wohl am Ende des 18. Jahrhunderts errichtet worden sein und einige Jahrzehnte später den Anbau erhalten haben. Auf der Urkarte 1832 ist das Gebäude in der jetzigen Größe schon aufgenommen.

Die kleine Kelter steht heute im Museum unterhalb des neu angelegten Weinbergs. Die ursprüngliche Lage mitten im Dorf, so wie sie ehedem in Gagernberg stand, läßt sich im Museumsgelände nicht mehr verwirklichen. Da über die historisch richtige Ausstat-

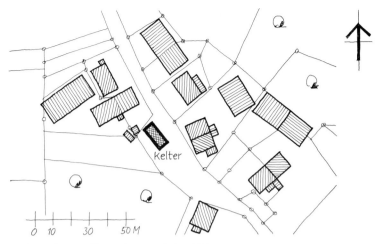

Lageplan von Gagernberg nach dem Urkataster um 1830

Das Keltergebäude in der Ortsmitte von Gagernberg vor dem Abbau

tung nichts weiter bekannt ist – beim Abbau wurden nur einige eichene Standen, Gölten und Fässer geborgen –, hat das kleine Gebäude im Museum keine Inneneinrichtung erhalten.

Gebäudedaten:

Länge × Breite: 10,00 m × 4,50 m
Abbau: 1985, zerlegt in Einzelteile
Bauaufnahme im Maßstab 1:50: Hochbauamt der Stadt Schwäbisch Hall, Gerhard Leibl
Wiederaufbau: 1986
Zeitstellung des Gebäudes: 19. Jahrhundert

40a Sägemühle aus Schmidbügel, Gemeinde Gschwend, Ostalbkreis

Erstes und bisher einziges Gebäude für das „Mühlental" im Hohenloher Freilandmuseum ist die Sägemühle aus Schmidbügel. Es handelt sich dabei um die typische „Bauernsäge" mit dem schmalen, einfach gebauten Mühlengebäude, das als alleinstehender Bau direkt an der Gschwender Rot stand. Dazu gehörte vor Ort das bescheidene Wohnhaus mit dazugehöriger Scheune sowie das Backhäuschen.

Bau- und Besitzergeschichte

Die Sägemühle in Schmidbügel wird schon 1737 in einer Beschreibung der Reichsgrafschaft Limpurg erwähnt. Nach den Unterlagen der Gebäudebrandversicherung gibt es die Mühle seit 1708. Das jetzige Gebäude kann in seinem Kern durchaus noch auf das 18. Jahrhundert zurückgehen, wenn auch die Holzkonstruktion in großen Bereichen jünger ist. Der Eckpfosten am Eingang trägt die Datierung „1860", die sich auf eine grundlegende Renovierung beziehen kann. In Schmidbügel wurde die Mühle von einem unterschlächtigen Wasserrad mit einem Durchmesser von 3,50 m angetrieben. Als 1953 die Gschwender Rot begradigt und dabei verlegt wurde, stellte man die Säge auf elektrischen Antrieb um. Bis zuletzt arbeitete die Mühle nur mit einem einzigen Sägeblatt, dem Hochgang. 1969 wurde der Betrieb eingestellt.

Seit 1877 sind die Besitzer erfaßt. Aus der Aktenlage kann man erkennen, daß sie bis 1910 immer nur im Nebenerwerb von Bauern oder Handwerkern betrieben wurde. 1911 erwirbt die Mühle mit allen Anteilen Gottlieb Klenk, Kübler, Zimmermann und Säger aus Rauhenzainbach, Gemeinde Fichtenberg. Er und sein Sohn, der die Mühle bis zuletzt betrieb, verstehen sich vorrangig als Sägemüller, die Landwirtschaft wird als Zubrot verstanden.

Die Sägemühle in einer Aufnahme von 1931 mit den frisch angelieferten Stämmen und der geschnittenen Ware

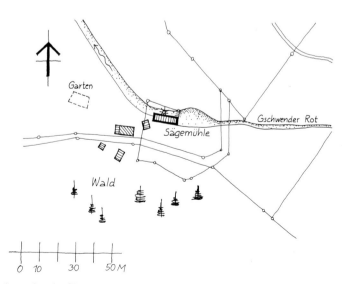

Lageplan der Sägemühle nach dem Urkataster um 1830

Nach dem Wiederaufbau stehen Hochgang und Vollgatter nebeneinander

Solange noch mit Wasserkraft gesägt wurde, dauerte ein einziger Sägeschnitt bei einer maximalen Stammlänge von 7 m etwa eine Stunde, später mit dem Elektromotor etwa die Hälfte. Die Tochter des letzten Besitzers Karl Klenk erinnert sich an das mühevolle Arbeiten: „Wir Kinder mußten immer bei den stärkeren Stämmen die Schärre lupfen und dabei 1 – 2 – 3 zählen, dann wieder lupfen usw. Dabei lief die Säge leer und das Sägeblatt konnte wieder schneller laufen".

Vor der Mühle lag der Holzlagerplatz, von dem aus die angelieferten Stämme mit langen Haken über die Rampe gezogen und innen auf den auf Schienen laufenden „Schlitten" gelegt wurden. Kunden waren hauptsächlich die Bauern der Umgebung, die ihr Holz aus dem Wald mit Pferdefuhrwerken heranbrachten.

Die Mühle im Museum

Als die Sägemühle dem Hohenloher Freilandmuseum bekannt wurde, war die gesamte technische Ausstattung schon entfernt worden, nur die Ankersteine für den Wellbaum waren noch vorhanden.

Beim Wiederaufbau im völlig anders gearteten Museumsgelände mußte das Mühlengebäude sich einige wesentliche Änderungen gefallen lassen. Trieb in Schmidbügel ein unterschlächtiges Wasserrad das Sägewerk an, ist bei uns im Museum nur der Betrieb mit einem oberschlächtigen möglich. Ein Stauteich mußte gebaut

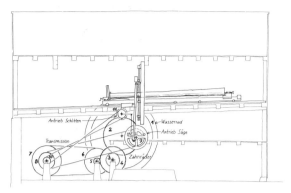

Der Hochgang wird über das Wasserrad angetrieben

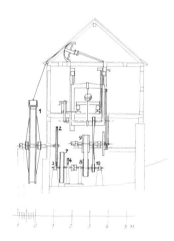

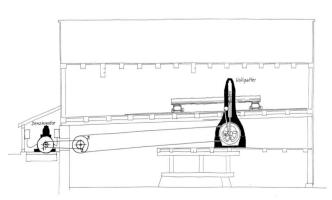

Das Vollgatter wird von einem historischen Benzinmotor bewegt

werden, der nach ausgiebigem Regen Wasser auffängt und es über eine Rinne dem Rad zuführt. Als Ersatz für den fehlenden Sägemechanismus gelang es, einen entsprechenden älteren Hochgang mit einem Sägeblatt aus der Mosismühle in Bächlingen anzupassen. Die Antriebstechnik dafür findet im unteren Stockwerk mit Schwungrad, Vorgelege und Transmissionen ihren Platz. Aus der abgerissenen Hammerschmiede in Künzelsau-Morsbach konnte das gußeiserne Wasserrad von 1904 geborgen werden, dessen Holzschaufeln rekonstruiert wurden.

Neben diesem älteren Hochgang steht das jüngere Vollgatter aus dem Anfang des 20. Jahrhunderts, das ebenfalls aus der Mosismühle stammt. Wie in vielen kleinen Sägemühlen üblich, wird das Vollgatter, das gleichzeitig mehrere Sägeschnitte ausführt, nicht von der Wasserkraft angetrieben, sondern von einem Motor. Bei unserer Sägemühle wurde im Maschinenhausanbau ein Benzolmotor der Firma Kaelble aus Backnang eingebaut. Dieser Motor wurde 1921 an eine Sägemühle aus Oberrot ausgeliefert. Er leistet als einzylindriger Motor etwa 4 PS. Diese Kraft reicht für den Betrieb des Vollgatters aus. Die Kombination – älterer Hochgang, modernes Vollgatter – war bei vielen Sägemühlen üblich. Beide Techniken hatten lange Zeit nebeneinander ihre Berechtigung. Der in unseren Augen veraltet wirkende Hochgang wurde eben noch ab und zu für spezielle Zuschnitte verwendet. Durch den Einsatz von Motoren wurden die Sägemüller immer mehr zu Maschinisten, was nicht jedermanns Sache war. Jetzt mußte man sich nicht nur mit dem Werkstoff Holz und dem Medium Wasser auskennen. Ein solch kompliziertes Gebilde wie der hier eingebaute Benzolmotor verlangte mechanische Kenntnisse und pflegliche Behandlung.

Der einzylindrige Benzinmotor von 1921, eingebaut in das Maschinenhäuschen

Gebäudedaten:

Länge × Breite: 14,0 m × 5,30 m
Abbau: 1982, zerlegt in Einzelteile
Bauaufnahme: Städtisches Hochbauamt Schwäbisch Hall, Gerhard Leibl
Wiederaufbau: 1983–85
Ergänzung Maschinenhausanbau mit Kaelble-Motor: 1991
Zeitstellung des Gebäudes: um 1920

In einer Aufnahme von 1930 wird der räumliche Zusammenhang zwischen Sägemühle und Wohnhaus deutlich, der im Museum noch nicht erreicht ist

Die Sägemühle in Schmidbügel kurz vor dem Abbau

51 Katholische Dorfkapelle aus Stöcken, Gemeinde Adelmannsfelden, Ostalbkreis

Als erstes Gebäude der geplanten Baugruppe „Waldberge" wurde die kleine Dorfkapelle ins Hohenloher Freilandmuseum versetzt. Mitarbeiter hatten die baufällige Kapelle mehr zufällig entdeckt und von deren baldigen Abriß erfahren. Mit dem Eigentümer, der katholischen Kirchengemeinde, dem Denkmalamt und dem Landratsamt konnte schnell Einigkeit darüber erzielt werden, daß dieser kleine, bescheidene sakrale Bau nur im Museum Überlebenschancen haben wird.

Nach eingehender Bauunterschung vor Ort gelangte die Kapelle auf einem Tieflader im Herbst 1990 ins Hohenloher Freilandmuseum.

Baugeschichte

Laut Bauinschrift im Sturzbogen der Eingangstür wurde die Kapelle 1834 erbaut. Vermutungen, daß der Bau eigentlich älter sein und vielleicht noch aus dem 18. Jahrhundert stammen müßte, bewahrheiteten sich bei archivalischen Forschungen nicht. Als der Bühlerzeller Pfarrer Eberhard 1813 seine Pfarrei beschreibt, erwähnt er bei Stöcken „10 Wohnhäuser, 96 Einwohner", aber keine Kapelle. Erst der Stöckener Bauer Josef Hofer stellte für den Neubau eine Wiese am östlichen Ortsrand zur Verfügung, das Jahr dieser Stiftung ist nicht bekannt, aber es dürfte um 1830 gewesen sein.

Für das Jahr 1869 ist vermerkt, daß die Bewohner am Samstagabend in der Kapelle einen Rosenkranz beten. Da die Entfernung zur Pfarrkirche in Bühlerzell eineinhalb Wegstunden beträgt, bat Pfarrer Löhner 1883 darum, in der Stöckener Kapelle Gottesdienst lesen zu dürfen. Das bischöfliche Ordinariat in Rottenburg erteilte die dazu notwenige Erlaubnis, am 1. Mai 1884 wurde erstmals Gottesdienst gehalten. Dazu wurden ein neuer Altar und ein Sakristeischrank angeschafft.

Die Kapelle in Stöcken kurz vor dem Abbau 1990

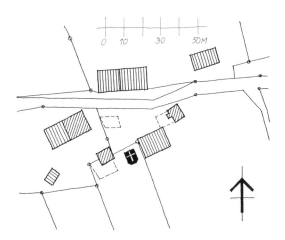

Lageplan der Kapelle nach der Urkarte, um 1830

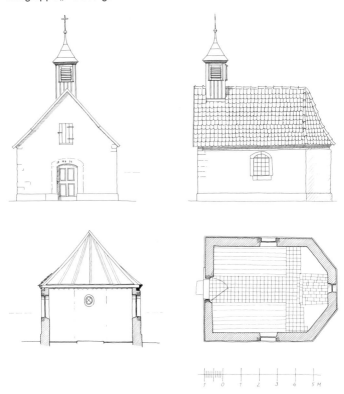

Ansichten und Grundriß der Kapelle, gezeichnet nach der Bauaufnahme

Immer wieder bereiteten die Grundstücksverhältnisse der Kirchengemeinde Probleme. Die gestiftete Parzelle kam fälschlicherweise in den Besitz der Ortsgemeinde Stöcken, um dann seit 1903 in Privatbesitz laut Grundbucheintrag zu gelangen. Letzte bauliche Veränderung war 1933 die Errichtung des Glockentürmchens.

Die translozierte Kapelle

Um das originale Mauerwerk mit den verschiedenen Putz- und Farbfassungen erhalten zu können, wurde die Kapelle ohne das baufällige Dach in einem über 60 t schweren Stück nach Wakkershofen transportiert. So steht die Kapelle im selben Zustand wie in Stöcken im Museum, nur jetzt auf einem richtigen Fundament.
Insgesamt hatte die Kapelle außen fünf verschiedenfarbige Anstriche, alle einfach gehalten. Nur die dritte Fassung betonte mit blauen Faschen um Fenster- und Türöffnung die Architektur des kleinen Gebäudes.

194

Im Inneren waren die Anstriche weitaus zahlreicher, insgesamt 13 Fassungen konnte die Restauratorin feststellen. Auch hier waren die Farben recht zurückhaltend, erst in späterer Zeit, vermutlich seitdem die Kapelle auch zum Gottesdienst genutzt wurde, wurde der Sockel umlaufend abgesetzt, zuletzt mit einem aufschablonierten blauen Band.

Alle Einrichtungsgegenstände, die meist wohl aus der Zeit um 1884 stammen, wie Altar, Bänke, Beichtstuhl und Sakristeischrank, sind erhalten und können wieder aufgestellt werden. Im Museum wird die Kapelle, solange die Baugruppe „Waldberge" erst im Entstehen ist, nur von außen zu besichtigen sein. Ein Gitter wird einen Einblick ins Innere ermöglichen.

Gebäudedaten:

Länge × Breite: 7,30 m × 5,50 m
Abbau: 1990, Mauerwerk in einem Stück
Bauaufnahme verformungsgerecht im Maßstab 1:25: Hansjörg Stein, Schwäbisch Hall
Farb- und Putzuntersuchung: Annette Bischoff, Schwäbisch Hall
Wiederaufbau: 1990/91, Fertigstellung voraussichtlich 1992
Zeitstellung: Zustand um 1935 mit Turm und letzter Wandfassung

Literatur:

Mitteilungen des Hohenloher Freilandmuseums Nr. 12, 1991 mit folgenden Aufsätzen:
Hansjörg Stein, Bauaufnahme der Kapelle Stöcken
Annette Bischoff, Die Farbigkeit der Fassade und Raumschale der Dorfkapelle
Joachim Hennze, Bisherige Ergebnisse der archivalischen Forschungen zur Geschichte der Kapelle aus Stöcken

Innenansicht der Kapelle, so wie sie vor Ort 1990 noch eingerichtet war

195

Die Hammerschmiede Gröningen, Gemeinde Satteldorf, Landkreis Schwäbisch Hall

Im tief eingeschnittenen Tal der Gronach unterhalb von Gröningen, Gemeinde Satteldorf, liegt die Hammerschmiede, seit 1988 als an Ort und Stelle erhaltenes Technikdenkmal dem Hohenloher Freilandmuseum zugehörig. In dieser abgeschiedenen Lage hat sich durch Zufall ein einmaliges technisches Werk original erhalten.

Im Gegensatz zu den auf die Muskelkraft angewiesenen kleinen Schmiedewerkstätten in den Dörfern und Städten sind Hammerschmieden wasserkraftbetriebene Werke. Hier werden große und schwere Hämmer über ein Wasserrad bewegt. Damit kann mit wesentlich mehr Kraft und Schnelligkeit als in den handwerklichen Schmieden Metall in die gewünschte Form gebracht werden. Eine serienmäßige Fertigung von Produkten ist in gewissem Umfang möglich.

Hinzu kommt, daß bei Hammerschmieden wegen der vorhandenen Wasserkraft weitere Einrichtungen „motorisch" betrieben werden. In Gröningen z.B. wird der Wind für das Schmiedefeuer von einer Turbine erzeugt und eine Ölmühle war vor hundert Jahren zusätzlich an das „Energieversorgungssystem" angeschlossen.

Isometrische Ansicht der gesamten Hammerschmiede mit Stauteich, Mühlkanal, Scheunen und Turbinenhaus, heutiger Zustand als Museum

Geschichtliche Entwicklung der Hammerschmiede

Der Schmiedegeselle Johann Adam Baeuerlein ließ sich 1804 von der Königlich-Preußischen Kriegs- und Domänenkammer in Ansbach – der Crailsheimer Raum war seit 1792 preußisch, ab 1806 bayrisch und seit 1810 württembergisch – den Bau einer Hammerschmiede im bis dahin unberührten unteren Gronachtal genehmigen. Dieses erste Haus war nur zweigeschossig und nur etwa halb so groß wie das heutige. Nach mehreren kleinen baulichen Änderungen, wie dem Einbau einer zweiten Esse, erweiterten und erneuerten die Baeuerlein das Anwesen 1892 durchgrei-

197

Die Schmiedewerkstatt mit Blick auf die Esse, rechts die Schwanzhämmer

fend: das Haupthaus wurde deutlich verlängert, das ganze Haus erhielt ein weiteres Stockwerk und ein neues Dach. Im Zuge dieser Maßnahmen wurde der hohe, frei stehende Werkstattkamin neu aufgemauert. Das Hammerwerk selber blieb dabei relativ unberührt.

Unter Karl Bäuerlein arbeiteten um die Jahrhundertwende zeitweilig bis zu sechs Gesellen, die vor allem Werkzeug für Landwirt-

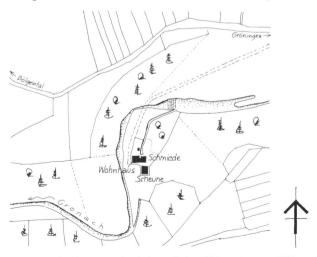

Lageplan der Hammerschmiede nach dem Urkataster, um 1830

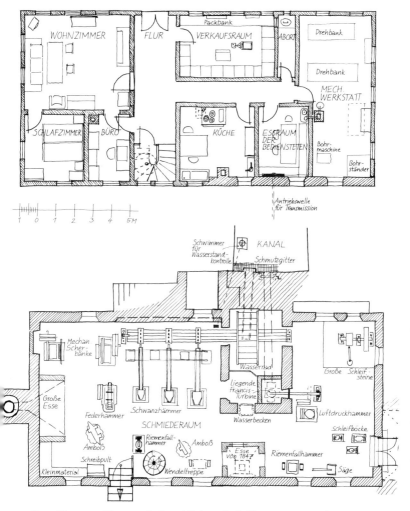

Grundrisse von Obergeschoß und Erdgeschoß, Museumszustand

schaft und Handwerk in Serie herstellten. Zu den Produkten zählten: Äxte und Beile, Schaufeln, Spaten, Hacken, Keile, Radschuhe, Hämmer, Flachsriffeln, Spindeln usw. Wenn auch die Waren in dieser Zeit immer noch wie früher in der näheren Umgebung ihre Abnehmer fanden, so wurde doch auch mit der Bahn von Satteldorf aus bis nach Westpreußen und Schlesien, ja sogar bis nach Mailand und Paris geliefert.

Die Hammerschmiede blieb weiter im Besitz der Familie Bäuerlein. Bis 1948 hielt sie die Anlage in Betrieb. Die Landwirtschaft dagegen, die immer zum Lebensunterhalt der Familie notwendig war – obwohl sich die Bäuerleins um die Jahrhundertwende schon gerne als Fabrikanten fühlten – wurde bis in die siebziger Jahre, wenn auch verpachtet, weiterbetrieben.

Detail der eisernen Wendeltreppe mit dem Namenszug von Karl Bäuerlein

Als Technikdenkmal entdeckt, wurde die gesamte Anlage von 1979 bis 1982 vom Schwäbischen Heimatbund unter Anleitung von Albert Rothmund restauriert und der Öffentlichkeit als Museum zugänglich gemacht. Das Hohenloher Freilandmuseum bemüht sich, die ganzheitlichen Aspekte des Lebens und Arbeitens in der Hammerschmiede wieder herauszuarbeiten. Dazu gehören neben dem Hauptgebäude selber die Rekonstruktion des großen Hausgartens mit den reichen Nutz- und Zierpflanzen, die Wartung und Pflege der vielen Wasserbauten, die Darstellung der landwirtschaftlichen Selbstversorgung und das Wiederauflebenlassen der Wohnsituation der Familie und der Gesellen.

Funktion und Betrieb der Hammerschmiede

Im Untergeschoß arbeiten drei sogenannte Schwanzhämmer, jeder mit ca. vier Zentner Gewicht. Sie werden von einer mächtigen, vom oberschlächtigen Wasserrad angetriebenen Holzwelle über Nocken hochgehoben und auf die Ambosse fallengelassen. Über den vom Stauweiher aus parallel zum Tal geführten Kanal erhält das Wasserrad die notwendige Menge Wasser. Von der Schmiede aus kann der Zulauf zum Kanal über einen Seilzug reguliert werden. Von der Welle aus wurden früher Schleifgeräte und andere Maschinen angetrieben. Später übernahm eine gesonderte Turbine deren Antrieb.

Unterhalb der Hammerschmiede auf der anderen Seite der Gronach steht das Turbinenhäuschen, eine recht junge Einrichtung aus der Zeit um 1890. Von hier aus versorgt eine Turbine eine

Windmaschine, die durch die lange Blechrohrleitung Frischluft in das Schmiedefeuer bläst. Die für die Arbeit des Schmieds benötigten schweren Werkzeuge, wie Zangen und Hämmer aller Größen, zeugen von der anstrengenden Arbeit in der Werkstatt.

Über der Schmiede liegt die Werkstatt mit den Maschinen zur Feinbearbeitung der Werkstoffe: Hier finden wir Drehbänke und Bohrmaschinen, die ebenfalls mit Wasserkraft über Transmissionen angetrieben werden. Daneben konnte der Vesperraum für die Bediensteten und die Küche im Zustand von 1925 wieder hergestellt werden; vorne, direkt am Wohnhauseingang liegt der Verkaufsraum mit den sauber eingereihten Erzeugnissen der Hammerschmiede. Zwei weitere Räume, das Büro und das Wohnzimmer, sollen demnächst in historisch richtiger Ausstattung zugänglich gemacht werden.

In die große Stall-Scheune, 1896 neu errichtet, wurde eine kleine Gaststätte eingebaut. In ihrem Dachgeschoß ist eine Ausstellung zur Geschichte der Hammerschmiede aufgebaut. Der einzigartige Naturraum um die Hammerschmiede mit seinen speziellen geologischen und botanischen Verhältnissen findet auf im Außenbereich stehenden Texttafeln Berücksichtigung. In einem Nebengebäude unterhalb der Scheune ist wieder eine Ölmühle aufgebaut. Der vor 1892 für die Hammerschmiede nachgewiesene Zustand wird damit nachempfunden. Diese Ölmühle stammt aus Rot am See und dürfte um die Jahrhundertwende erbaut worden sein. Sie war bis 1953 in Betrieb. Der Dieselmotor, der die Mühle dort antrieb, ist mit ihr ins Museum gewandert. Dieser Motor von 1918 ist in dem angebauten Maschinenhaus untergebracht. Neben ihm steht als zweiter Antrieb eine Dampfmaschine aus Gerabronn-Unterweiler (Dauerleihgabe Fritz Heimberger). Nachweislich wurde die Ölmühle während des Zweiten Weltkriegs wegen des Treibstoffmangels mit einer ähnlichen Dampfmaschine betrieben.

Gebäudedaten:

Erbaut: 1804, wesentlich erweitert 1892
Als Museum seit 1982 als Einrichtung des Schwäbischen Heimatbundes eröffnet, seit 1988 unter Obhut des Hohenloher Freilandmuseums
Zeitstellung der Anlage: um 1925

Literatur:

Frieder Schmidt, Die Hammerschmiede Gröningen als technisches Denkmal, Stuttgart, 1984

Verschiedene Aufsätze in den Mitteilungen des Hohenloher Freilandmuseums, insbesondere:
Albert Rothmund, Die Hammerschmiede Gröningen wird erneuert, in: Nr. 2, 1981
Albert Rothmund, Erweiterung der Hammerschmiede um eine Ölmühle, in: Nr. 7, 1986
Gerd Schäfer, Die Hammerschmiede Gröningen, eine Außenstelle des Freilandmuseums, in: Nr. 9, 1988
Gerd Schäfer, Die Hammerschmiede Gröningen auf dem Weg zum Museum mit „ganzheitlicher Darstellung", in: Nr. 11, 1990

Jürgen Knauß, Der Naturraum im Tal der Hammerschmiede, Kleine Schriften des Hohenloher Freilandmuseums, Nr. 5, 1991

Rößler-Haus in Untermünkheim
Landkreis Schwäbisch Hall

In enger Verbindung mit dem Hohenloher Freilandmuseum ist das Rößler-Museum in Untermünkheim entstanden. Als sinnvolle Ergänzung des Freilandmuseums wird es vom örtlichen „Kultur- und Förderverein Rößler-Haus" als Außenstelle betrieben und verwaltet.

Aufgabe des Klein-Museums ist die Darstellung von Leben und Werk der hier in Untermünkheim tätig gewesenen Schreinerfamilie Rößler. In der ersten Hälfte des 19. Jahrhunderts prägte ihre Werkstatt den Stil der ländlichen Möbel in weitem Umkreis. Bemalte Schränke, Truhen und Betten wurden von ihnen in ihrer unvergleichlichen Art in großer Zahl hergestellt. Rocaillen, Blumen- und Fruchtkorb, figürliche Darstellungen, vor allen aber das Amselpaar sind unverwechselbare Kennzeichen ihrer Malfertigkeit.

In den Museumsräumen, die im ehemaligen Mesnerhaus untergebracht sind, werden derzeit etwa 70 wertvolle Exponate aus den Werkstätten von Johann Heinrich Rößler (1757–1832), dessen Sohn Johann Michael Rößler (1792–1849) und aus deren Umkreis ausgestellt.

In den Rundgang durch das Rößler-Museum kann die Besichtigung der direkt danebenliegenden Kilianskirche mit ihren interessanten barocken Emporen und dem Kanzelaltar einbezogen werden.

Öffnungszeiten:
April bis Oktober, sonn- und feiertags, 14 bis 17 Uhr
Für Gruppen mit Führung ganzjährig nach Voranmeldung unter
Tel. 0791/6148 oder 7607

Anschrift:
Geschäftsstelle im Rathaus, 7177 Untermünkheim

Marhördter Sägemühle in Badhaus, Gemeinde Oberrot, Landkreis Schwäbisch Hall

Seit 1991 wird die an Ort und Stelle erhaltene Marhördter Sägemühle von der Gemeinde Oberrot als Außenstelle des Hohenloher
Freilandmuseums geführt.

In enger Zusammenarbeit zwischen der Gemeinde Oberrot, dem
Naturpark Schwäbischer Wald, dem Landkreis Schwäbisch Hall
und der bedeutenden ortsansässigen Sägeindustrie wurde die
Sägemühle 1983 als Sägemühlmuseum der Öffentlichkeit zugänglich gemacht.

Die Sägemühle ist eines der letzten Vertreter dieser Gattung im
oberen Rottal, noch 1915 befanden sich auf einer Strecke von 8
km zwischen Wielandsweiler und Hausen 14 wassergetriebene
Sägewerke und 5 Mahlmühlen. Die Marhördter Sägemühle wurde
1856 von sieben Bauern aus den Dörfern auf die Höhe an einem
Seitenbach der Rot errichtet und gemeinschaftlich betrieben. Seit
1938 ist die Sägemühle im Eigentum von Willi Schmid, der sie
1947 neu aufbaute. Erst 1981 wurde sie als Betrieb endgültig stillgelegt, bis dahin arbeitete die letzte Betreiberin noch mit dem alten Hochgang, allerdings seit 1957 schon von einer neuen Turbine in Bewegung gesetzt. Mit dieser veralteten Technik war der
letzte Sägemüller in der Lage, Stämme mit überdurchschnittli-
chem Querschnitt nach den speziellen Kundenwünschen zuzu-
schneiden, eine Leistung, die die neueren Sägewerke nicht übernehmen konnten.

Öffnungszeiten:
Besichtigung nach Voranmeldung, Tel. 07977/8031

Anschrift:
Bürgermeisteramt Oberrot, Rottalstraße 44, 7163 Oberrot

Das Hohenloher Freilandmuseum in Stichworten

Das Hohenloher Freilandmuseum ist eines von sieben Freiland-museen in Baden-Württemberg. Es ist zuständig für die Region des nördlichen Württemberg mit den Landkreisen Schwäbisch Hall, Hohenlohekreis, Main-Tauber-Kreis (großteils), Heilbronn (großteils), Rems-Murr-Kreis und Ostalbkreis.

Standort:
Schwäbisch Hall-Wackershofen

Träger:
Verein Hohenloher Freilandmuseum e. V., Verein zur Erforschung, Pflege und Förderung ländlicher Kultur

Entstehung:
Gründung des Trägervereins am 28. Juni 1979, Eröffnung des 1. Bauabschnittes am 25. Juni 1983

Museumsleitung:
Schwäbisch Hall-Wackershofen Nr. 11 (Haus Sanwald), Tel. 0791/84061, Telefax 0791/72737

Geschäftsstelle:
Schwäbisch Hall-Gailenkirchen, Bezirksamt, Tel. 0791/6166, Te-lefax 0791/89383

Postanschrift des Museums:
Hohenloher Freilandmuseum e.V., Postfach 100180, W-7170 Schwäbisch Hall

Aufbau:
Drei Hauptbaugruppen als „Dörfer": „Hohenloher Dorf", „Wein-landschaft" (im Entstehen) und „Waldberge" (in Planung); zwei Sonderbaugruppen: „Technische Bauwerke" (Bahnhof, Lager-haus) und „Mühlental". Ende 1991 stehen 42 größere und kleinere Gebäude im Museum.

Öffnungszeiten:
Ende März/Anfang April und Ende Oktober/Anfang November täglich 10.00 bis 17.30 Uhr, Mai bis einschließlich September 9.00 bis 18.00 Uhr. Montags ist das Museum geschlossen, außer an Feiertagen.

Führungen:
Nach vorheriger Anmeldung können Gruppen durch das Museum geführt werden, Dauer im Museumsdorf Wackershofen einein-halb bis zweieinhalb Stunden (Anmeldung Wackershofen: Tel. 0791/84061, Anmeldung Hammerschmiede Gröningen: Tel. 07955/3303)

Gasthäuser:
Museumsdorf Wackershofen: Museumsgasthof „Roter Ochse", ganzjährig geöffnet, täglich, außer montags, Tel. 0791/84172
Hammerschmiede Gröningen: „Einkehr zur Hammerschmiede", ganzjährig geöffnet, täglich, außer montags, Tel. 07955/3303

Publikationen des Museums

Reihe: Kataloge und Begleitbücher

Nr. 1: Holzmodel aus Hohenlohe, 1983. 96 Seiten mit zahlreichen Abbildungen.

Nr. 2: Alte Textilien im Bauernhaus, 1984. 122 Seiten mit zahlreichen Abbildungen

Nr. 3: Gasthof zum Roten Ochsen, Hohenloher Gasthöfe in alter Zeit, 1986. 138 Seiten mit zahlreichen Abbildungen

Nr. 4: Altes Dorfhandwerk in Hohenlohe, 1987. 216 Seiten mit zahlreichen Abbildungen

Nr. 5: Tiere und Pflanzen im alten Dorf (Anton Stieglmair), 1988. 180 Seiten mit zahlreichen Abbildungen

Nr. 6: Armenpflege in Württembergs Vergangenheit – Das Hirten- und Armenhaus Hößlinsülz, 1989. 156 Seiten mit zahlreichen Abbildungen

Nr. 7: Möbelgeschichten – Geschmack, Funktion, Restaurierung, 1990. 127 Seiten mit zahlreichen farbigen Abbildungen

Nr. 8: Drei Hällische Dörfer im 19. Jahrhundert – Gailenkirchen, Wackershofen, Gottwollshausen, 1991. 192 Seiten mit zahlreichen Abbildungen, davon 6 farbig

Reihe: Kleine Schriften des Hohenloher Freilandmuseums

Nr. 1: Gasthof zum Roten Ochsen, Geschichte und Aufbau im Museum, 1985. 86 Seiten, vergriffen

Nr. 2: Pädagogik am Freilandmuseum II, Beiträge zur zweiten Tagung der Museumspädagogen, 1989. 37 Seiten

Nr. 3: Beschriftung des lebenden Inventars, 1990. 56 Seiten

Nr. 4: Das Winzerhaus aus Sachsenflur – Ein sprechendes Architekturdenkmal (Werner Sasse), 1991

Nr. 5: Naturraum im Tal der Hammerschmiede – Die Landschaftsökologie in der Umgebung der Hammerschmiede Gröningen (Jürgen Knauß), 1991

Reihe: Mitteilungshefte des Vereins Hohenloher Freilandmuseum

Heft 1, 1980, 120 Seiten

Heft 2, 1981, 140 Seiten, vergriffen

Heft 3, 1982, 104 Seiten

Heft 4, 1983, 108 Seiten

Heft 5, 1984, 138 Seiten

Heft 6, 1985, 128 Seiten

Heft 7, 1986, 167 Seiten

Heft 8, 1987, 132 Seiten, vergriffen

Heft 9, 1988, 168 Seiten

Heft 10, 1989, 151 Seiten, Festschrift zehn Jahre Trägerverein

Heft 11, 1990, 108 Seiten

Heft 12, 1991, 144 Seiten

Außerhalb von Reihen:

Heinrich Mehl, Dorf und Bauernhaus in Hohenlohe-Franken, 1983. 198 Seiten mit über 300 Abbildungen

Bemalte Möbel aus Hohenlohe – Die Schreinerfamilie Rößler und ihr Umkreis, herausgegeben vom Hohenloher Freilandmuseum in Verbindung mit dem Württembergischen Landesmuseum, Stuttgart, 1985. 172 Seiten mit zahlreichen Abbildungen, auch in Farbe

Walter Hampele, Dorfleben und Brauchtum im Jahreslauf, 1987. 55 Seiten, Abbildungen

Kleiner Modellbaubogen Haus Frank (Wohn-Stall-Haus von 1794)

Freilandmuseen –
ein Blick in die Nachbarschaft

Freilandmuseen, die in der „Arbeitsgemeinschaft der regionalen ländlichen Freilichtmuseen Baden-Württemberg" zusammengeschlossen sind:

Odenwälder Freilandmuseum, 6968 Walldürn-Gottersdorf

Hohenloher Freilandmuseum, 7170 Schwäbisch Hall-Wackershofen

Freilichtmuseum Beuren, 7444 Beuren, Kreis Esslingen (Eröffnung voraussichtlich 1993)

Schwarzwälder Freilichtmuseum „Vogtsbauernhof", 7625 Gutach

Kreisfreilichtmuseum Kürnbach, 7953 Bad Schussenried-Kürnbach

Freilichtmuseum Neuhausen ob Eck, 7201 Neuhausen ob Eck bei Tuttlingen

Bauernhausmuseum Wolfegg, 7962 Wolfegg-Wassers, Kreis Ravensburg

Fränkische Freilandmuseen:

Fränkisches Freilandmuseum Fladungen, 8741 Fladungen

Oberfränkisches Bauernhofmuseum, 8661 Zell-Kleinlosnitz

Gerätemuseum des Coburger Landes, 8637 Ahorn

Odenwälder Freilandmuseum, 6968 Walldürn-Gottersdorf

Fränkisches Freilandmuseum Bad Windsheim, 8532 Bad Windsheim

Hohenloher Freilandmuseum, 7170 Schwäbisch Hall-Wackershofen

HOHENLOHER
FREILAND
MUSEUM

Verein zur Erforschung, Pflege und
Förderung ländlicher Kultur.
Träger des regionalen Freilandmuseums
für Nordwürttemberg

Vereinsleitung:	Schwäbisch Hall – Rathaus
	Telefon 0791/751 – 201
Museumsleitung:	Schwäbisch Hall-Wackershofen
	Telefon 0791/84061
	Telefax 0791/72737
Geschäftsstelle:	Bezirksamt Schwäb. Hall-Gailenkirchen
	Telefon 0791/6166

Konten:
Kreissparkasse Schwäbisch Hall 5050505 (BLZ 62250030)
Volksbank Schwäbisch Hall 450006 (BLZ 62290110)
Michelfelder Bank 100005 (BLZ 62261965)

Legende zum Übersichtsplan

Baugruppe Bahnhof/Lagerhaus
1a) Bahnhof von 1892 aus Kupferzell
1b) Genossenschaftliches Getreide-
   lagerhaus von 1897/98
   aus Kupferzell (mit Ausstellung
   „Genossenschaftswesen")
1c) Transformator-Turm um 1920
   aus Hergershof

Gasthof
2a) Gasthaus „Roter Ochsen" um 1715,
   Bauzustand um 1810,
   aus Riedbach
2b) Tanzhaus 19. Jahrh. aus
   Oberscheffach
2c) Nebengebäude mit Backofen,
   Remise, Schweinestall und
   Knechtskammer um 1800
   aus Steinbach
2d) Trinkpavillon um 1900 aus
   Oberfischach

Bauernhof um 1800
3a) Wohn-Stall-Haus von 1794 aus
   Elzhausen
3b) Stall-Scheune von 1832 aus
   Langensall
3c) Kleintierstall um 1830 aus Diebach
3d) Ausdinghaus (Altenteil) von 1856
   aus Morbach

Bauernhof um 1900
4a) Wohn-Stall-Haus von 1887 aus
   Schönenberg
4b) Stall-Scheune mit Göpelhaus von
   1892 aus Bühlerzimmern
   (Ausstellung)
4c) Schmiede um 1880 aus Großenhub
4d) Bienenhaus um 1900 aus Gelbingen

Handwerkerhäuser
5a) Wohnhaus von 1766 aus Oberrot,
   später zweigeteilt mit Schmiede und
   Wagnerwerkstatt; Bauzustand um
   1930 (mit Ausstellung „Dorfhandwerk")
5b) Scheune von 1872 aus Oberrot;
   1881 umgebaut zu Wohnhaus mit
   Werkstatt

Arme-Leute-Häuser
6a) Armenhaus von 1740 aus
   Hößlinsülz
6b) Backofen aus Gschlachtenbretzingen
6c) Taglöhnerhaus um 1820 aus
   Hohenstraßen

Kleinbäuerliche Anwesen
7a) Seldnerhaus um 1780
   aus Schwarzenweiler

Spätmittelalterliche Hofanlage
8b) Scheune von 1550 aus Obereppach

Gemeindebauten
9a) Viehwaage um 1930 aus
   Rauhenbretzingen
9b) Schafscheune mit Ausstellung „Wolle
   und Fleisch" um 1860 aus Birkelbach
9c) Flachsdarre nach 1800 aus
   Amlishagen
9d) Flachsbreche nach 1800 aus
   Amlishagen

Steigengasthof
10a) Steigengasthaus „Rose", Bauzustand um 1800, aus Michelfeld
10b) Stall-Scheune von 1821 vom
   Steigengasthaus
   aus Michelfeld
10c) Scheune um 1800 aus Hohensall
10d) Backhaus aus Stetten
10e) Kegelbahn um 1830 aus Bieringen

Weidnerhof
11a) Wohn-Stall-Haus von 1838, am
   alten Standort erhalten
   (museumspädagogisches Zentrum)
11b) Stall-Scheune (Vortragsraum)
11c) Stall-Scheune (Werkstatt)
11d) Scheune mit Remise (Lager)
11e) Gartenlaube aus Mangoldsall
11f) Gartenpavillon um 1900 aus
   Schwäbisch Hall

Weinbauernhöfe
20a) Winzerhaus von 1562 aus
   Sachsenflur (mit Ausstellung
   „Historische Bautechniken")
21b) Scheune von 1514 mit später ein-
   gebautem Schafstall aus Klepsau
   (mit Ausstellung „Bauhandwerk"
   ab 1991)

22a) Wengerter-Haus um 1600 mit
   baulichen Veränderungen von
   1717 aus Verrenberg
   (1992 im Aufbau)
22b) Stallscheune von 1764 aus
   Möhrig bei Öhringen

Keltern
30a) herrschaftliche Kelter um 1580 mit
   Umbauten 1720 aus Oberohrn
30b) Gemeindekelter um 1800 aus
   Gagernberg

Mühlental
40a) Sägemühle von 1860 aus
   Schmidbügel

Käshof
50a) Wohn-Stall-Haus von 1585 aus
   Käsbach mit Anbauten
   (ab 1992 im Aufbau)

Kapelle
51) Dorfkapelle von 1834 aus Stöcken